# Digitalisierung als Chancengeber

Anabel Ternès von Hattburg
(Hrsg.)

# Digitalisierung als Chancengeber

Wie KI, 3D-Druck, Virtual Reality und Co. neue berufliche Perspektiven eröffnen

*Hrsg.*
Anabel Ternès von Hattburg
Berlin, Deutschland

ISBN 978-3-658-26892-3      ISBN 978-3-658-26893-0   (eBook)
https://doi.org/10.1007/978-3-658-26893-0

Die Deutsche Nationalbibliothek verzeichnet diese Publikation in der Deutschen Nationalbibliografie; detaillierte bibliografische Daten sind im Internet über http://dnb.d-nb.de abrufbar.

Springer Gabler
© Springer Fachmedien Wiesbaden GmbH, ein Teil von Springer Nature 2020
Das Werk einschließlich aller seiner Teile ist urheberrechtlich geschützt. Jede Verwertung, die nicht ausdrücklich vom Urheberrechtsgesetz zugelassen ist, bedarf der vorherigen Zustimmung des Verlags. Das gilt insbesondere für Vervielfältigungen, Bearbeitungen, Übersetzungen, Mikroverfilmungen und die Einspeicherung und Verarbeitung in elektronischen Systemen.
Die Wiedergabe von allgemein beschreibenden Bezeichnungen, Marken, Unternehmensnamen etc. in diesem Werk bedeutet nicht, dass diese frei durch jedermann benutzt werden dürfen. Die Berechtigung zur Benutzung unterliegt, auch ohne gesonderten Hinweis hierzu, den Regeln des Markenrechts. Die Rechte des jeweiligen Zeicheninhabers sind zu beachten.
Der Verlag, die Autoren und die Herausgeber gehen davon aus, dass die Angaben und Informationen in diesem Werk zum Zeitpunkt der Veröffentlichung vollständig und korrekt sind. Weder der Verlag, noch die Autoren oder die Herausgeber übernehmen, ausdrücklich oder implizit, Gewähr für den Inhalt des Werkes, etwaige Fehler oder Äußerungen. Der Verlag bleibt im Hinblick auf geografische Zuordnungen und Gebietsbezeichnungen in veröffentlichten Karten und Institutionsadressen neutral.

Springer Gabler ist ein Imprint der eingetragenen Gesellschaft Springer Fachmedien Wiesbaden GmbH und ist ein Teil von Springer Nature.
Die Anschrift der Gesellschaft ist: Abraham-Lincoln-Str. 46, 65189 Wiesbaden, Germany

# Geleitwort

Der Mensch sollte im Mittelpunkt der Digitalisierung stehen. Den Ängsten der Menschen vor dem Umbruch durch Digitalisierung können wir nur dann wirksam begegnen, wenn Anwendungen angeboten werden, die einen Nutzen für die Menschen haben. Positive Beispiele gibt es genug: Das lebenslange Lernen wird vereinfacht, Arbeit kann anders organisiert werden, Menschen vernetzen sich über Ländergrenzen hinweg, medizinische Apps machen Wege zum Arzt unnötig, andere informieren und helfen im Katastrophenfall. Die Steuererklärung ist dank ELSTER kein Hexenwerk mehr und die Mobilität wird durch Sharing Modelle gerade grundlegend verändert.

Die Digitalisierung eröffnet vielseitige Chancen, auch und gerade für das alltägliche Leben der Menschen. In den neuen Berufen und mit flexiblen Arbeitsplatzlösungen können Frauen und Männer, die Kinder betreuen oder Angehörige pflegen, im Beruf bleiben und Karriere machen. Für Menschen mit Behinderung bieten sich völlig neue Möglichkeiten, um gleichberechtigt am gesellschaftlichen Austausch teilzunehmen.

Natürlich darf man die Probleme und die Gefahren, die mit der Digitalisierung auch verbunden sind, nicht negieren. Aber die Chancen gilt es herauszustellen und die Entwicklung zu gestalten. Denn es wird auf alle Fälle immer mehr digitale Anwendungen geben und dann ist es gut, wenn man sich an die Spitze der Bewegung setzt.

In diesem Buch geben v. a. Frauen der Digitalisierung als Chance ein Gesicht.

Viele gute Eindrücke beim Lesen wünscht Ihnen

Brigitte Zypries

# Inhaltsverzeichnis

**Einführung** .................................................. 1
Catharina van Delden

**Theoretischer Hintergrund**

**Digitalisierung aller Lebensbereiche** ............................ 7
Irina Kretschmer

**Was Digitalisierung vermag: Chancen für
verschiedene Bereiche** ........................................ 11
Irina Kretschmer

**Wie (weibliche) Digital Natives auf digitale Jobs
vorbereitet werden und was dabei noch zu tun ist** ................ 21
Katja Werner

**Frauen gründen gründlicher – und vorsichtiger** .................. 49
Janina Mütze

**Expertinnen berichten**

**Digitalisierung bringt uns einander näher** ...................... 57
Carol Wildhagen

**Wie ich lernte den Weißen Hai zu lieben** ........................ 65
Caroline Dabels

**Von digitalen Chancen zur Augmented Revolution** ................. 77
Susanne Haspinger

**Neue Arbeit passt nicht in alte Muster** .............................. 89
Anna Kaiser und Jana Tepe

**Die großen Sprünge der Digitalisierung folgen erst noch** ............ 99
Katharina Wolff

**Networking Woman – mit Frauenpower die Wirtschaft verändern** ......................................... 107
Anke Herbener

**Veränderung lässt sich nicht aussitzen** ............................. 117
Fränzi Kühne

**Frauen in der Tech-Branche: „Habt ihr auch eine?"** ................ 125
Christina Kraus

**Einfach machen** ..................................................... 137
Katrin Bergfeld

**Digitalisierung ist nicht die Zukunft** ............................. 145
Constance Landsberg

**The winner takes it all?** .......................................... 151
Sabine Stengel

**Digitalisierung verschafft Freiräume** .............................. 163
Sumi Chumpuree-Reyntjes

**Digitales Verstehen – Verantwortung übernehmen** ................... 167
Anabel Ternès von Hattburg

**Über Digitale Darwinisten und Digitale Minimalisten** ............... 179
Nancy Nemes

# Herausgeber- und Autorenverzeichnis

## Über die Herausgeber

**Prof. Dr. Anabel Ternès von Hattburg** ist Gründerin und Geschäftsführerin mehrerer Tech-Unternehmen, u. a. der GetYourWings gGmbH für die Vermittlung digitaler Kompetenzen durch Workshops, eigene Computerspiele und eLearning. Sie setzt sich für gesunde und nachhaltige Digitalisierung in Wirtschaft und Gesellschaft ein und engagiert sich als Vorstandsmitglied des Network for Teaching Entrepreneurship Deutschland (NFTE) sowie als Mentorin von Startup-TEENS. Anabel Ternès leitet das Institut für Nachhaltigkeitsmanagement (IISM) und hält eine Professur für E-Business und Communication Management.

## Autorenverzeichnis

**Katrin Bergfeld** Karlsruhe, Deutschland, E-mail: katrin.bergfeld@gmail.com

**Sumi Chumpuree-Reyntjes** Hamburg, Deutschland, E-mail: chumpuree@gmail.com

**Caroline Dabels** AmbiGate GmbH, Tübingen, Deutschland, E-mail: c.dabels@ambigate.com

**Catharina van Delden** innosabi GmbH, München, Deutschland, E-mail: catharina.vandelden@innosabi.com

**Susanne Haspinger** Holo-Light GmbH, Ismaning, Deutschland, E-mail: s.haspinger@holo-light.com

**Anabel Ternès von Hattburg** GetYourWings gGmbH, Berlin, Deutschland, E-mail: anabel.ternes@getyourwings.de

**Anke Herbener** Digital Changers GmbH, Köln, Deutschland, E-mail: anke.herbener@digitalchangers.com

**Anna Kaiser** Tamndemploy GmbH, Berlin, Deutschland, E-mail: anna.kaiser@tandemploy.com

**Christina Kraus** meshcloud GmbH, Frankfurt am Main, Deutschland, E-mail: ckraus@meshcloud.io

**Irina Kretschmer** Schwetzingen, Deutschland, E-mail: irina.kretschmer@online.de

**Fränzi Kühne** TLGG GmbH, Berlin, Deutschland, E-mail: fraenzi@tlgg.de

**Constance Landsberg** Ahrensburg, Deutschland, E-mail: constance.landsberg@gmail.com

**Janina Mütze** Civey GmbH, Berlin, Deutschland, E-mail: janina@civey.com

**Nancy Nemes** Berlin, Deutschland, E-mail: nancylnemes@hotmail.com

**Sabine Stengel** Die Ideenretterin, Berlin, Deutschland, E-mail: hallo@die-ideen-retterin.de

**Jana Tepe** Tamndemploy GmbH, Berlin, Deutschland, E-mail: jana.tepe@tandemploy.com

**Katja Werner** Berlin, Deutschland, E-mail: wernerkatja94@gmail.com

**Carol Wildhagen** Ariana Digital Health Solutions GmbH, München, Deutschland, E-mail: carol@hiariana.com

**Katharina Wolff** D-Level GmbH, Hamburg, Deutschland, E-mail: wolff@d-level.de

# Einführung

## Catharina van Delden

**Zusammenfassung**

Die Digitalisierung macht unser Leben einfacher – auch unser Arbeitsleben. Niemand sehnt sich danach, auf einer laut hämmernden Schreibmaschine Texte zu verfassen und die nicht ausbleibenden Fehler mit Tipp-Ex auszubessern. Aber die Digitalisierung macht auch Angst, weil sie zu Veränderungen führt. Diese Angst führt dann immer wieder zu Berichten über Horrorszenarien, die unter Schlagzeilen wie „Sie sind entlassen – wie uns Roboter und Computer die Arbeit wegnehmen" stehen. Dabei könnte schon ein kurzer Blick auf die Fakten manche Ängste beseitigen. Denn die Warnung vor der Massenarbeitslosigkeit ist nicht neu. Schon vor mehr als 30 Jahren titelte ein bundesdeutsches Nachrichtenmagazin über dem Bild eines Roboters: „Fortschritt macht arbeitslos". Das Gegenteil haben wir seitdem erlebt. Die Zahl der sozialversicherungspflichtigen Beschäftigten ist – mit Ausnahme der direkten Jahre nach der Wiedervereinigung – Jahr für Jahr gestiegen. In Deutschland haben wir aktuell eine historische Rekordbeschäftigung. Umgekehrt kann man davon ausgehen, dass eine Wirtschaft, die sich der Digitalisierung verweigert, weltweit nicht mehr konkurrenzfähig wäre. Die Folge wären Unternehmensschließungen und Arbeitslosigkeit.

Digitalisierung bedeutet, dass Arbeit entsteht, aber sie bedeutet nicht, dass jeder Arbeitsplatz sicher ist. Es gibt ganze Berufsbilder, die bereits verschwunden sind und solche, die verschwinden werden. So wie die Automatisierung mit

---

C. van Delden (✉)
innosabi GmbH, München, Deutschland
E-Mail: catharina.vandelden@innosabi.com

© Springer Fachmedien Wiesbaden GmbH, ein Teil von Springer Nature 2020
A. Ternès von Hattburg (Hrsg.), *Digitalisierung als Chancengeber*,
https://doi.org/10.1007/978-3-658-26893-0_1

dem mechanischen Webstuhl viele Weber[1] arbeitslos gemacht hat, so hat die Digitalisierung den Schriftsetzer und Drucker, die Stenotypistin oder auch den Bauzeichner weitgehend aus den Unternehmen gedrängt. Und wer heute eine Ausbildung zum Bankkaufmann beginnt, der wird womöglich angesichts der digitalen Umwälzungen in der Branche nie wirklich in seinem gelernten Beruf arbeiten. Das ist aber nicht einmal die halbe Wahrheit, denn gleichzeitig entstehen viele neue Berufsbilder – vom 3-D-Druckspezialisten über den Datamining-Experten und den Roboter-Koordinator bis zum Chief Digital Officer. Nach einer Bitkom-Studie sind in jedem zehnten Unternehmen innerhalb von zehn Jahren Jobprofile komplett verschwunden, aber in jedem fünften sind zugleich neue entstanden. Und die haben eines gemeinsam: Sie sind in der Regel anspruchsvoller und bieten mehr Entscheidungsfreiheit und Gestaltungsspielraum als jene Jobs und Aufgaben, die hinfällig wurden.

Und auch die bestehenden Berufe, die es weiterhin geben wird, verändern sich. Zum Beispiel jener der Zahnarzthelferin, der zahnmedizinischen Fachangestellten. Noch vor wenigen Jahren ging es darum, die Karteikarte mit den Patientendaten herauszulegen und den Befund des Arztes dort handschriftlich zu vermerken. Heute werden diese Angaben zumeist im Rechner erfasst, gleichzeitig ist das Röntgengerät ein Hochleistungscomputer, der von der Zahnarzthelferin gesteuert werden muss. Und künftig wird sie, statt Gebissabdrücke zu nehmen, die Zahnstellung mit dem 3-D-Scanner erfassen und an den 3-D-Drucker übermitteln, der automatisiert noch in der Praxis das Implantat oder die Krone erzeugt.

Was bedeutet das? Arbeit 4.0 heißt nicht, dass einfach alles und jedes durch selbstlernende Algorithmen oder Roboter erledigt werden kann. Arbeit 4.0 bedeutet schon gar nicht Massenarbeitslosigkeit. Arbeit 4.0 bedeutet Investitionen in die Köpfe. Wenn wir die Digitalisierung in Deutschland erfolgreich gestalten und unsere Führungsrolle in Leitbranchen wie der Automobilindustrie oder dem Maschinenbau verteidigen wollen, dann müssen wir mehr in die Köpfe investieren. Arbeit 4.0 braucht den Wissensarbeiter 4.0.

Die Politik muss dabei dafür sorgen, dass überhaupt eine Weiterbildungsfähigkeit hergestellt wird – mit einer Schulbildung, die die Vermittlung von digitalen Kompetenzen verpflichtend im Lehrplan verankert. Dazu gehört ein Pflichtfach

---

[1]Aus Gründen einer besseren Lesbarkeit wird in diesem Buch zumeist auf die Verwendung geschlechterspezifischer Formulierungen verzichtet. Personenbezogene Bezeichnungen, die nur in grammatisch männlicher Form angeführt sind, beziehen sich auf alle Menschen, unabhängig vom biologischen und sozialen Geschlecht. Wir hoffen, mit dieser Entscheidung niemandem zu nahe zu treten.

Informatik ab der Sekundarstufe I, das es erlaubt, unsere digitale Welt zu verstehen. Die Unternehmen müssen eine Weiterbildungsstrategie rund um die digitalen Kompetenzen ihrer Mitarbeiter erarbeiten und dafür auch entsprechende Mittel bereitstellen. Das wird nur funktionieren, wenn auch die Führungskräfte dafür sensibilisiert werden, dass Weiterbildung ein absolutes Muss ist. Aber auch jeder Einzelne ist gefragt. Es geht darum, Weiterbildungsmöglichkeiten zu nutzen und Weiterbildung aktiv einzufordern.

Vernetzte Produktion, Internet of Things, Arbeit 4.0 und die Digitalisierung unserer Wirtschaft insgesamt bieten gerade einem rohstoff- und ressourcenarmen Land wie unserem und den Menschen, die hier leben, eine einmalige Chance. Lohnkosten sind nicht mehr die entscheidende betriebswirtschaftliche Größe in der digitalen Welt.

Es kann uns gelingen, Produktion und Wertschöpfung, die in den vergangenen Jahrzehnten aus dem Hochlohnstandort Deutschland abgewandert und verloren gegangen sind, wieder zurückzuholen.

**Catharina van Delden** ist Gründerin und CEO der innosabi GmbH. Sie ist MBA Absolventin der TU München und UC Berkeley und hat davor Betriebswirtschaft und Lebensmittelproduktion studiert. Sie ist Autorin des Buches *Crowdsourced Innovation – Revolutionizing Open Innovation with Crowdsourcing*. Seit 2013 ist Catharina van Delden Mitglied des Bitkom Präsidiums, seit 2017 Mitglied des Beirats Süd der Deutschen Bank AG. Nach Ansicht der *Computerwoche* gehört sie zu den 50 „einflussreichsten Frauen der deutschen IT".

Die innosabi GmbH wurde 2010 von Catharina van Delden, Jan Fischer, Hans-Peter Heid und Moritz S. Wurfbaum gegründet. innosabi entwickelt Software für agiles Ideen- und Innovationsmanagement. Die vier spezialisierten Software-Lösungen schaffen eine digitale Infrastruktur für Innovation in einer vernetzten Welt und bringen mehr Geschwindigkeit in den Innovationsprozess.

**Bitkom** ist der Digitalverband Deutschlands. 1999 als Zusammenschluss einzelner Branchenverbände in Berlin gegründet, vertritt Bitkom mehr als 2600 Unternehmen der digitalen Wirtschaft, unter ihnen mehr als 1000 Mittelständler, über 500 Startups und nahezu alle Global Player. Bitkom setzt sich insbesondere für eine innovative Wirtschaftspolitik, eine Modernisierung des Bildungssystems und eine zukunftsorientierte Netzpolitik ein.

# Teil I
# Theoretischer Hintergrund

# Digitalisierung aller Lebensbereiche

Irina Kretschmer

### Zusammenfassung

Die Digitalisierung durchdringt nach und nach alle Arbeits- und Lebensbereiche. Irina Kretschmer gibt einen Überblick, wie sich unser Alltag und unsere Wirtschaft durch die neuen Technologien verändern werden.

Alexa kauft für uns ein und dimmt das Licht, wir kommunizieren in Echtzeit mit aller Welt, ganze Produktionsstrecken laufen bis hin zur Organisation der Logistik per Mausklick – unsere Welt hat sich in den letzten Jahrzehnten dramatisch verändert. Was wir seit 2011 mit dem Begriff Industrie 4.0 umschreiben, wirkt sich auf alle Bereiche des täglichen Lebens aus: Jede der bisherigen industriellen Revolutionen brachte einen massiven Wandel der Arbeit und damit auch der Lebenswelt, der Ängste schürte und Widerstände provozierte. Während die erste Revolution den Schritt von der Manufaktur hin zur mechanisierten Produktion und damit von der landwirtschaftlich geprägten zur Industriegesellschaft markierte, brachte die zweite eine technologisch bedingte neue Arbeitsorganisation. Streng getaktete Produktionsabläufe mit monotonen Arbeitsaufgaben eröffneten die Phase der Massenproduktion und damit der Konsumgesellschaft.

Der digitale Siegeszug begann bereits in den 1970ern, als der Mikroprozessor den Weg frei machte für Computer, Roboter und damit eine auf Schaltkreisen und Sensoren basierende Steigerung der Produktivität. Die sukzessive zunehmende Automatisierung ließ seither den menschlichen Anteil an industrieller Arbeit auf aktuell ein Viertel sinken, die Dienstleistungsgesellschaft hielt Einzug. Und nun

I. Kretschmer (✉)
Schwetzingen, Deutschland
E-Mail: irina.kretschmer@online.de

© Springer Fachmedien Wiesbaden GmbH, ein Teil von Springer Nature 2020
A. Ternès von Hattburg (Hrsg.), *Digitalisierung als Chancengeber,*
https://doi.org/10.1007/978-3-658-26893-0_2

steht die vierte industrielle Revolution an und damit eine neue Form der Automatisierung: Die Massenproduktion wird individualisiert, innovative Technologien eröffnen vollkommene neue Geschäftsmodelle und damit auch neuartige Perspektiven für die Arbeit an sich. Die Schlagworte Cloud, Big Data, Internet der Dinge, Smarte Industrie oder KI umreißen die enormen Möglichkeiten der Digitalisierung, die mit intelligenten, sich selbst organisierenden und optimierenden Prozessen neue Wertschöpfungsketten schaffen und das gesamte Konsum- und Arbeitsverhalten verändern – aus der Informations- wird die Wissensgesellschaft.

Es brauchte einige Jahre, bis die technologischen Errungenschaften in die unterschiedlichen Arbeits- und Lebensbereiche vordringen konnten: Das Internet startete beispielsweise bereits im Jahr 1991, die erste Cloud nahm 1999 ihren Dienst auf – aber erst in den letzten Jahren entfalten diese Technologien ihr Potenzial in puncto Wertschöpfung und Effizienzsteigerung, aber auch Individualisierung. Allein die 3D-Drucker dürften hier zu einer der Schlüsseltechnologien avancieren, können somit doch direkt vor Ort die gewünschten Erzeugnisse mit individuellen Eigenschaften hergestellt und Logistik-Kosten gespart werden. Ohnehin präsentiert sich der Wandel bereits in unterschiedlichster Weise: Unternehmen wie Amazon, Google oder Apple sind erst mit den neuen Technologien möglich geworden – heute hängen sie mit ihrem Börsenwert die alteingesessene Industrie weit ab.

Ganze Branchen verändern sich drastisch: Der Einzelhandel muss sich der Online-Konkurrenz stellen, denn wir zücken einfach das Smartphone, um jederzeit und überall Angebote zu recherchieren, zu vergleichen und zu ordern. Uber revolutioniert das Taxi-, Airbnb das Gastgewerbe. Die Kommunikation funktioniert unabhängig von den zu überbrückenden Distanzen auch per Video, Menschen vernetzen sich weltweit in Social Media, sodass authentische Bilder unterschiedlicher Lebensweisen überall verfügbar sind und für eine nie gekannte Transparenz sorgen. Das spüren insbesondere Dienstleister wie Banken oder Versicherungen, deren Beratungsleistungen immer weniger benötigt werden. Interessenten informieren sich direkt im Internet, stellen eigenständig Vergleiche an und schließen die benötigten Verträge auch gleich online ab. Unternehmen stehen also vor neuen Herausforderungen: Einerseits eröffnen Digitalisierung und Automatisierung eine deutliche Effizienzsteigerung und damit Kostensenkung, andererseits fordert das veränderte Kundenverhalten aber auch neue Qualitäten wie Individualisierung, Service und ein optimales Preis-Leistungsverhältnis.

Und doch schüren auch diese Entwicklungen Ängste und Verunsicherung: Wir erleben gerade den Beginn eines Wandels, dessen Ausmaß sich noch nicht absehen lässt. KI steckt nach wie vor in den Kinderschuhen und dürfte sich nicht nur auf wirtschaftliche, sondern auch auf politische und soziale Prozesse auswirken – bislang ist davon jedoch noch nicht viel zu spüren. Ohnehin verläuft diese Entwicklung eher schleichend. Konnten wir uns dies vor 20 Jahren noch gar nicht vorstellen, gehören die sprachgesteuerten Computer für viele unserer Mitmenschen schon so selbstverständlich zum Alltag wie die Saugroboter im Haushalt, die automatisierte Kundenakquise in Marketing und Vertrieb oder in absehbarer Zeit die selbstfahrenden Autos auf der Straße. Es liegt nun an uns, die Digitalisierung bewusst zu gestalten und konstruktiv auszunutzen – im Fokus sollte dabei jedoch immer der Mensch stehen.

**Irina Kretschmer,** geboren 1961 in Gera, arbeitet seit 2013 als freie Texterin/Autorin mit Schwerpunkt Finanzdienstleistungen, Marketing und Wirtschaft. Die ehemalige Studentin für Wirtschaftswissenschaften in Leipzig schwenkte im Zuge der Wende in die Versicherungsbranche um. Rund 20 Jahre war die ausgebildete Versicherungsfachfrau als Maklerin in ihrer Wunschbranche und begleitend bei einigen Gründungen tätig, bevor sie neue berufliche Herausforderungen suchte. Seit nunmehr fünf Jahren schreibt sie – und erfüllte sich damit einen lang gehegten Traum. Irina Kretschmer ist geschieden und hat eine erwachsene Tochter.

# Was Digitalisierung vermag: Chancen für verschiedene Bereiche

Irina Kretschmer

**Zusammenfassung**
Die Digitalisierung kann unser Leben in Zukunft enorm bereichern. Irina Kretschmer beleuchtet in diesem Beitrag die Chancen, die durch Digitalisierung in verschiedenen Bereichen entstehen können – von der kulturübergreifenden Kommunikation über Medizintechnik bis hin zu digitaler Bildung und mehr Sicherheit für Gemeinden und Individuen.

Es lohnt sich, angesichts all der Unsicherheiten die enormen Chancen der Digitalisierung ganz bewusst auszuloten, können sie unser Leben doch deutlich erleichtern und bereichern – und das in den unterschiedlichsten Bereichen.

## Integration: Ein Zusammenleben in Diversity

Mittlerweile spielen Entfernungen ebenso wenig eine Rolle wie sprachliche Barrieren: Menschen können miteinander quer über alle Kontinente hinweg kommunizieren, nicht zuletzt die Übersetzungsprogramme erleichtern die Verständigung. Längst sind aus einstigen Mobiltelefonen Smartphones und iPhones geworden, die mithilfe leistungsstarker Computer Derartiges ganz selbstverständlich bewerkstelligen und den uneingeschränkten direkten Austausch unterstützen. Die einst belächelten Emojis erfüllen dabei eine nicht zu unterschätzende Funktion als kulturübergreifendes Vehikel, das nicht nur die Kommunikation, sondern vor

---

I. Kretschmer (✉)
Schwetzingen, Deutschland
E-Mail: irina.kretschmer@online.de

© Springer Fachmedien Wiesbaden GmbH, ein Teil von Springer Nature 2020
A. Ternès von Hattburg (Hrsg.), *Digitalisierung als Chancengeber*,
https://doi.org/10.1007/978-3-658-26893-0_3

allem das gegenseitige Verständnis erleichtert. Unterschiedlichste Kulturen kommen sich näher und lernen gegenseitig ihre spezifischen Lebensweisen kennen. Auf der anderen Seite steht das enorme Reservoir an Wissen, Informationen und Chancen im Internet jedem Nutzer offen – und das vollkommen unabhängig von dessen Herkunft. Die aktuell noch gravierenden länderspezifischen Unterschiede in puncto Digitalisierungsgrad werden sich nivellieren, wenn digitalisierte Prozesse mit niederschwelligen Kontaktpunkten die Abläufe beschleunigen. Derzeit ist Estland beispielsweise noch eine positive Ausnahme und ein Paradies für Startups, dort dauert eine Online-Unternehmensgründung ganze 15 min (Merten 2018). Wollen die großen europäischen Industrienationen nicht abgehängt werden, müssen sie nachziehen, um für die relevanten Investoren interessant zu bleiben. Im Zuge der Digitalisierung werden diese Unterschiede sichtbar und treiben die Entwicklung voran.

## Ausgleichen von besonderen mentalen und physischen Bedarfen

Die technologischen Fortschritte in Medizin und Medizintechnik stellen einen besonderen Bereich dar, allein die neuesten Entwicklungen in der Prothetik verbessern die Lebensqualität vieler Betroffener. Mittlerweile lässt sich nicht nur Haut künstlich nachbilden, sondern auch andere Körperorgane (Jungmediziner 2018). Ein eindrucksvolles Beispiel liefert Dr. Guo Shuzhong, der mit neuen Methoden Ohren nachformt und anschließend Versehrten implantiert. Sein Ziel: Jedes Jahr sollen 500 betroffene Kinder ein neues Ohr erhalten und wieder ein ganz normales Leben führen (Express 2017).

Aber auch im Alltag machen sich die Errungenschaften der Digitalisierung positiv bemerkbar: Zahlreiche Apps erleichtern nicht nur die Selbstwahrnehmung und Pflege, sondern überwachen die wichtigen Vitalfunktionen wie Herzfrequenz und Blutdruck. Herzschrittmacher mit permanenter Online-Verbindung erlauben im Ernstfall über Leben und Tod entscheidende schnelle Eingreifen (Kardionet 2018). Die Telemedizin kann angesichts des Ärztemangels einen wichtigen Bedarf decken, wenn Patienten weit entfernt von der nächsten Praxis Diagnostik und Therapie benötigen. Die digitale Patientenakte passt auf die Gesundheitskarte und kann alle relevanten Daten und sämtliche Regelungen für den Notfall enthalten, was nicht nur ein höheres Maß an Sicherheit, wie Beispiel in puncto Organspende, sondern auch an Effizienz schafft. Wir können heute ganz anders auf genetische Dispositionen reagieren, indem wir beispielsweise unseren Lebensstil entsprechend anpassen – selbstverständlich computergestützt.

Roboter operieren bereits, insbesondere bei diffizilen Eingriffen arbeiten sie zuverlässiger als Menschen, sie benötigen keine Pause und zeigen keine Ermüdungserscheinungen (Hänßler 2018). Vollkommen neue Therapien sind möglich, wie beispielsweise mit der Tinnitrack Neuro-Therapie, die mittlerweile per App auf Rezept zur Behandlung eines Tinnitus erhältlich ist: Die individuelle Tinnitus-Frequenz wird herausgefiltert, sodass der Patient ganz normal Musik genießen und seine überaktiven Nervenzellen beruhigen kann (Die Techniker 2018). In der Behandlung von Phobien kommen VR-Brillen zum Einsatz, eine entsprechende empirische Studie der Oxford University belegt zum Beispiel die Wirkung bei Höhenangst (VR-Nachrichten 2018). Brandopfer profitieren von der virtuellen Welt, wenn sie sich im Harborview Medical Center in Seattle per VR-Brille in einer Snow World bewegen. Sie werden insbesondere bei den schmerzhaften Verbandswechseln so wirkungsvoll abgelenkt, dass erheblich weniger schmerzlindernde Medikamente verabreicht werden müssen. Aber auch an Demenz Erkrankte können virtuell in eine ihnen noch vertraute Welt eintauchen, sodass Erinnerungen geweckt und der Krankheitsverlauf eventuell verlangsamt werden kann – die Forschungen im Cäcilien-Hospital Hüls laufen noch (Seidler 2002).

## Revolutionierte Bildung ohne Barrieren

Bildung ist der entscheidende Erfolgsfaktor für unsere künftige Gesellschaft – nicht umsonst öffnen sich Elite-Unis wie Harvard, Yale, Stanford oder Columbia für jedermann: Mit kostenlosen Online-Kursen bieten sie allen Bildungsschichten einen komfortablen und barrierefreien Zugang zum großen Wissensfundus. Das Massachusetts Institute of Technology (MIT) ist hier ein echter Vorreiter: Bereits seit über 15 Jahren sind die Inhalte von mehr als 2000 Kursen beispielsweise per OpenCourseWare kostenlos zugänglich. Weltweit wurde der Umsatz von Learning Management Systemen für 2018 auf 7,8 Mrd. US-Dollar geschätzt (Abb. 1). Die Bandbreite reicht von Themen wie Supply Chain oder Marketing über Pricing, How to Delevelop oder Products and Services bis hin zu Breakthrough und besteht in der Regel aus Audio- oder Videovorlesungen und zum Download bereitgestellten Unterrichtsbüchern. Grenzen, Schichten, Herkunft – all das spielt hier keine Rollen mehr, Bildung ist somit nicht länger ein Privileg Weniger (Lenke 2016).

Während einige dieser Online-Kurse durchaus schon etwas angestaubt sind, entwickeln sich im Zuge der Digitalisierung aber auch neue Lernmethoden: Unter dem Stichwort Gamification ziehen spielerische Elemente in die Bildung ein, um Motivation, Engagement und damit die Effizienz der Lernenden zu erhöhen.

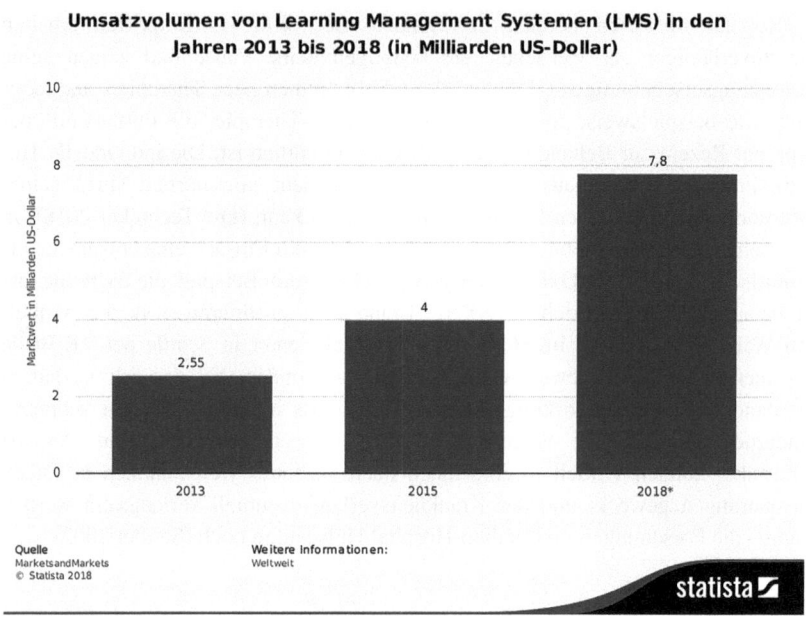

**Abb. 1** Umsatzvolumen von Learning Management Systemen (LMS). (MarketsandMarkets 2018)

Digitales Lernen stärkt also verschiedene Lernkanäle und führt somit zu besseren Ergebnissen. Angesichts der Tatsache, dass Menschen künftig ihr ganzes Leben lang lernen müssen, um mit den technologischen Entwicklungen Schritt zu halten, wird diese größere Vielfalt des Lernens immer wichtiger: Speziell zugeschnittene Computer- und Planspiele, aber auch Erklärvideos, wie sie sich beispielsweise mit Mysimpleshow ganz einfach erstellen lassen, vermitteln auch langweilige Inhalte spannend, unterhaltsam und prägnant. Lifelong Learning kann zum Jungbrunnen werden, wenn wir uns aus unserer Komfortzone heraus in neue Wissensgebiete hinein bewegen. Auch von Unternehmen werden Angebote zum mobilen Lernen unter anderem dafür eingesetzt, um mehr Flexibilität beim Lernen zu erreichen oder die Lernmotivation von Mitarbeitern zu steigern (Abb. 2).

Was Digitalisierung vermag: Chancen für verschiedene Bereiche 15

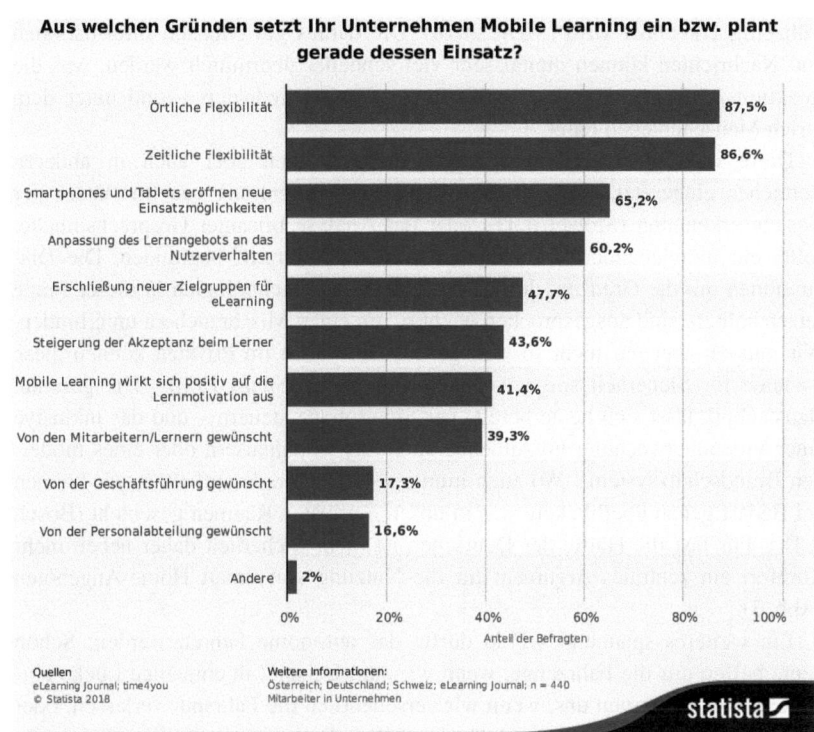

**Abb. 2** Gründe für den Einsatz von Mobile Learning zur Personalentwicklung in Unternehmen in der DACH-Region. (time4you 2018)

## Komfortable Sicherheit in allen Lebensbereichen

Auch in diesem Bereich gibt es enorme Fortschritte, denken wir nur an die furchtbaren Reaktor-Katastrophen in Tschernobyl und Fukushima: Hätten die Bergungskräfte im Jahr 1986 schon die Roboter-Technik von 2011 einsetzen können, vieles wäre glimpflicher abgelaufen (AFP 2019). Heute schicken wir die kleinen, robusten Fahrzeuge in unwegsamste Höhlen und Felsspalten oder senden Drohnen über die betroffenen Gebiete und können die Situation vor Ort sondieren, ohne Menschenleben zu gefährden. Moderne Sensortechnik erlaubt uns die Überwachung geologisch kritischer Gebiete, wie beispielsweise von Vulkanen, oder der Temperaturen weltweit. Aus diesen natürlichen Signalen errechnen Algorithmen wahrscheinliche Szenarien, sodass eine gefährliche Entwicklung bereits frühzeitig erkennbar wird (MDR 2018). Die daraus gewonnenen Informationen und Nachrichten können digital sehr viel schneller übermittelt werden, was die Reaktionszeiten insbesondere in Notfällen deutlich reduziert – und unter dem Strich Menschenleben rettet.

Diese intelligenten Überwachungssysteme werden aber auch in anderen Bereichen eingesetzt, beispielsweise bei der Identifizierung von Straftätern per Gesichtserkennung (Stölzel o. D.) oder der Analyse brisanter Gesprächsinhalte, sollte ein hinreichender Verdacht diesen mobilen Zugriff begründen. Die Diskussionen um die Grenzen, die wir Menschen den Technologien in dieser Frage setzen sollten, sind ausgesprochen wichtig, um einen Missbrauch zu unterbinden. Wir müssen aber gar nicht so weit gehen, denn auch im Privaten können diese Systeme für Sicherheit sorgen, denken wir nur an Smart Home: Die gesamte Haustechnik lässt sich heute bereits per Smartphone steuern – und das inklusive einer Videoüberwachung im Außenbereich von Wohnhäusern oder eines modernen Brandschutzsystems. Wo auch immer wir uns gerade aufhalten, wir können bei Bedarf genau überblicken, was in unseren privaten Räumen geschieht (Bosch o. D.). Für fast die Hälfte der Deutschen ist mehr Sicherheit daher neben mehr Komfort ein zentrales Argument für die Nutzung von Smart Home-Angeboten (Abb. 3).

Ein weiteres spannendes Feld dürfte das autonome Fahren werden: Schon heute helfen uns die Fahrzeuge, wenn wir zum Beispiel in eine enge Lücke einparken wollen, warnen uns, wenn wir versehentlich die Fahrspur verlassen, oder überwachen per Kameras die Außenbereiche, die wir von unserem Fahrersitz aus schlecht einsehen können. In absehbarer Zeit werden Autos ganz ohne unser Zutun fahren, miteinander kommunizieren und so eine Vielzahl von Unfällen, die auf menschliches Versagen zurückzuführen sind, vermeiden. Natürlich gibt es auch hier Bedenken, allerdings sprechen zu viele Argumente für eine solche Entwicklung: Derzeit haben die meisten Familien wenigstens einen PKW, der allerdings die größte Zeit des Tages ungenutzt entweder in der heimischen Garage oder in der Nähe des Arbeitsplatzes steht. Dafür investieren wir enorme Summen in die Anschaffung, die Rendite ist oft genug mager. Eine Flotte selbstfahrender Autos, die wir nach Bedarf mieten – das mag zunächst weit hergeholt klingen, dürfte unter dem Strich aber eine sehr viel wirtschaftlichere Lösung darstellen (Zeit Online o. D.). Und auch die Wirtschaft selbst wird vom autonomen Fahren profitieren, denn der Bedarf an passender Hard- und Software nimmt zu (Abb. 4).

Eine der größten Errungenschaften ist die Transparenz, die wir in vielen Bereichen durch die Digitalisierung erreicht haben: Selbst komplexe Produkte, wie beispielsweise Versicherungen oder Finanzierungen, lassen sich mit sehr viel

Was Digitalisierung vermag: Chancen für verschiedene Bereiche    17

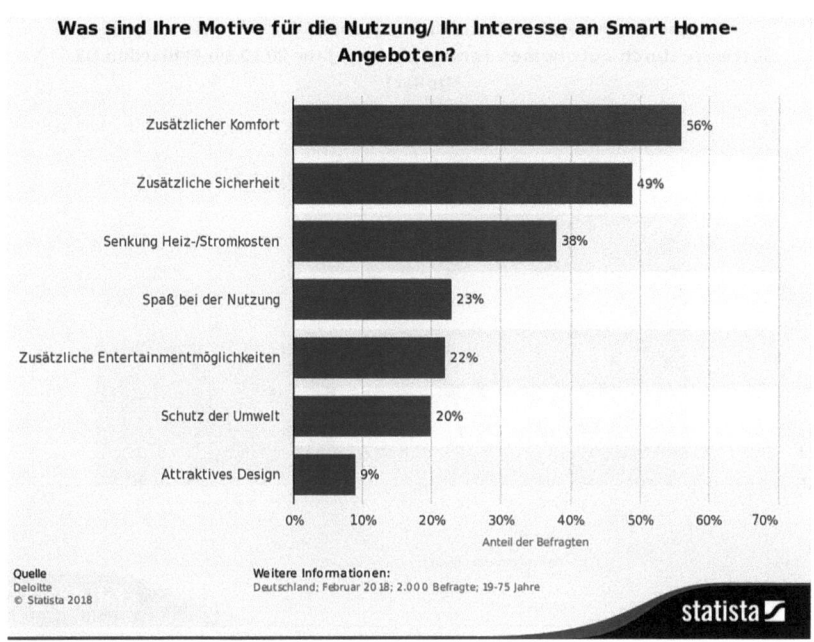

**Abb. 3** Motive für die Nutzung von Smart Home-Angeboten in Deutschland. (Deloitte 2018)

weniger Aufwand analysieren. Die einschlägigen Vergleichsportale erlauben die Gegenüberstellung der einzelnen Leistungskriterien, bieten aber auch einen sehr guten Marktüberblick. Als Kunden sind wir demzufolge sehr viel besser informiert und können souverän entscheiden, ob wir überhaupt noch einen Berater einschalten wollen. Aus diesem Blickwinkel betrachtet, eröffnen auch die Risiken der Social Media, nämlich die Möglichkeit negativer Bewertungen, Kommentare oder im Extremfall auch eines Shitstorms, neue Chancen: Die eigene Reputation ist nämlich ebenso transparent und kann demzufolge auch gezielt beeinflusst werden, indem Unternehmen beispielsweise die Gründe für Reklamationen oder Beanstandungen aufgreifen und abstellen. Nicht nur Unternehmen, auch Privatpersonen erhalten auf diese Weise direkt ein authentisches Bild zu ihrem Image.

Es gäbe noch einige weitere Bereiche aufzuzählen, wie beispielsweise Mobilität oder ein einfacheres Miteinander, das die sozialen Netzwerke ermöglichen. Allein die Veränderungen in der Wirtschaft sind gravierend, vollkommen neue Geschäftsmodelle werden echte Disruptionen verursachen. Die Digitalisierung

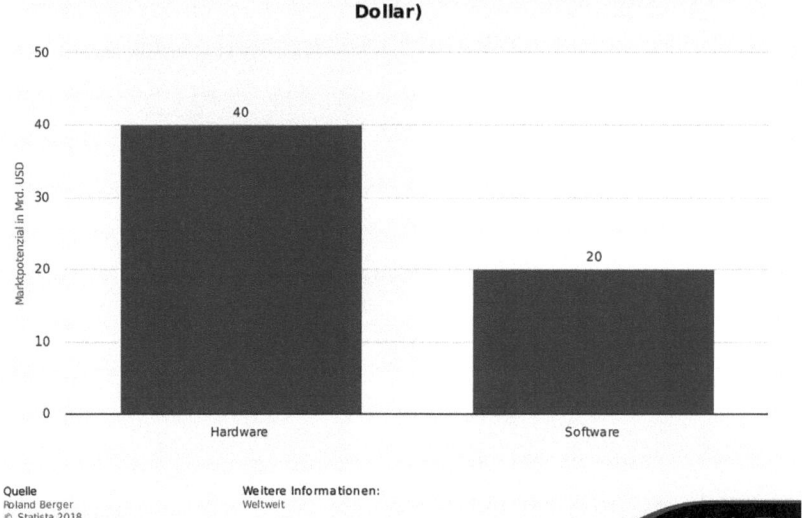

**Abb. 4** Prognose zum weltweiten Marktpotenzial für neue Hard- und Software durch autonomes Fahren. (WirtschaftsWoche 2015)

erfordert aber auch eine gezielte Steuerung und einen klaren rechtlichen Rahmen, der die Menschen vor Missbrauch und Kriminalität schützt. Um all diese Chancen gezielt ergreifen und ausschöpfen zu können, benötigen wir jedoch in erster Linie ganzheitlich gebildete Menschen mit digitalen und sozialen Kompetenzen sowie einem ausgeprägten Bewusstsein für ihre Gesundheit und die Belange der Umwelt.

## Literatur

AFP. (2019). Japanische Atomruine. Roboter untersucht geschmolzenen Kernbrennstoff in Fukushima. https://www.t-online.de/nachrichten/panorama/id_85244504/fukushima-roboter-untersucht-geschmolzenen-kernbrennstoff-in-japanischer-atomruine.html. Zugegriffen: 06. März 2019.

Bosch. (o. D.). Wie kann Bosch Smart Home das Leben komfortabler machen? https://www.bosch-smarthome.com/de/de. Zugegriffen: 06. März 2019.

Deloitte. (2018). Was sind Ihre Motive für die Nutzung/Ihr Interesse an Smart Home-Angeboten? *Statista*. https://de.statista.com/statistik/daten/studie/828711/umfrage/motive-fuer-die-nutzung-von-smart-home-angeboten-in-deutschland/. Zugegriffen: 06. März 2019.

Die Techniker. (2018). Tinnitracks Neuro-Therapie – Die Tinnitus-App. https://www.tk.de/techniker/magazin/digitale-gesundheit/tinnitracks-neuro-therapie-tinnitus-app-2010642. Zugegriffen: 06. März 2019.

Express. (2017). Krass! Ärzte lassen Ohr am Arm wachsen – Und transplantieren es jetzt an den Kopf. https://www.express.de/ratgeber/gesundheit/krass--aerzte-lassen-ohr-am-arm-wachsen---und-transplantieren-es-jetzt-an-den-kopf-26301840. Zugegriffen: 06. März 2019.

Hänßler, B. (2018). Die Roboter-Chirurgen. *Süddeutsche Zeitung*. https://www.sueddeutsche.de/gesundheit/medizin-die-roboter-chirurgen-1.4110603. Zugegriffen: 06. März 2019.

Jungmediziner. (2018). Zellen und ganze Organe aus dem 3D-Drucker. https://www.jungmediziner.net/artikel/2018/05/25/zellen-und-ganze-organe-aus-dem-3d-drucker. Zugegriffen: 06. März 2019.

Kardionet. (2018). Telekardiologie: Innovative Technologie optimiert Betreuung und Nachsorge. https://www.kardionet.de/telekardiologie-innovative-technologie-optimiert-betreuung-und-nachsorge/. Zugegriffen: 06. März 2019.

Lenke, M. (2016). Elite-Universität MIT bietet jetzt 2.340 Online-Kurse an – Kostenlos. https://www.businessinsider.de/elite-universitaet-mit-bietet-jetzt-2340-online-kurse-an-kostenlos-2016-6. Zugegriffen: 06. März 2019.

MarketsandMarkets. (2015). Umsatzvolumen von Learning Management Systemen (LMS) in den Jahren 2013 bis 2018 (in Milliarden US-Dollar). *Statista*. https://de.statista.com/statistik/daten/studie/428514/umfrage/marktvolumen-von-e-learning-lernplattformen-weltweit/. Zugegriffen: 06. März 2019.

MDR. (2018). Big Data in der Vulkanologie. Künstliche Intelligenz soll Vulkanausbrüche vorhersagen. https://www.mdr.de/wissen/kuenstliche-intelligenz-warnung-vulkan-ausbruch-100.html. Zugegriffen: 06. März 2019.

Merten, M. (2018). Digitale Verwaltung. Taugt Estland als Vorbild für andere Staaten? https://www.wiwo.de/lifestyle/digitale-verwaltung-taugt-estland-als-vorbild-fuer-andere-staaten/22574632.html. Zugegriffen: 06. März 2019.

Seidler, C. (2002). Heilung in der Scheinwelt. *Der Spiegel*. https://www.psychologie.uni-wuerzburg.de/fileadmin/06020101/medien/Spiegel_2001.pdf. Zugegriffen: 06. März 2019.

Stölzel, T. (o. D.). Gesichtserkennung. Im Fokus der digitalen Augen. *WirtschaftsWoche*. https://www.wiwo.de/technologie/gesichtserkennung-im-fokus-der-digitalen-augen-seite-3/5156366-3.html. Zugegriffen: 06. März 2019.

time4you. (2018). Aus welchen Gründen setzt Ihr Unternehmen Mobile Learning ein bzw. plant gerade dessen Einsatz? *Statista*. https://de.statista.com/statistik/daten/studie/916314/umfrage/gruende-fuer-den-einsatz-von-mobile-learning-in-der-personalentwicklung-in-der-dach-region/. Zugegriffen: 06. März 2019.

VR-Nachrichten. (2018). VR-Therapie: Oxford-Studie zeigt erfolgreiche Behandlung von Höhenangst. https://www.vdc-fellbach.de/nachrichten/2018/07/30/vr-therapie-oxford-studie-zeigt-erfolgreiche-behandlung-von-hoehenangst/. Zugegriffen: 06. März 2019.

WirtschaftsWoche. (2015). Prognose zum weltweiten Marktpotenzial für neue Hard- und Software durch autonomes Fahren bis zum Jahr 2030 (in Milliarden US-Dollar). *Statista*. https://de.statista.com/statistik/daten/studie/453975/umfrage/autonome-fahrzeuge-marktpotenzial-hard-und-software-bis-2030/. Zugegriffen: 06. März 2019.
Zeit Online. (o. D.). Autonomes Fahren. Der Computer wird zum Chauffeur. https://www.zeit.de/thema/autonomes-fahren. Zugegriffen: 06. März 2019.

**Irina Kretschmer,** geboren 1961 in Gera, arbeitet seit 2013 als freie Texterin/Autorin mit Schwerpunkt Finanzdienstleistungen, Marketing und Wirtschaft. Die ehemalige Studentin für Wirtschaftswissenschaften in Leipzig schwenkte im Zuge der Wende in die Versicherungsbranche um. Rund 20 Jahre war die ausgebildete Versicherungsfachfrau als Maklerin in ihrer Wunschbranche und begleitend bei einigen Gründungen tätig, bevor sie neue berufliche Herausforderungen suchte. Seit nunmehr fünf Jahren schreibt sie – und erfüllte sich damit einen lang gehegten Traum. Irina Kretschmer ist geschieden und hat eine erwachsene Tochter.

# Wie (weibliche) Digital Natives auf digitale Jobs vorbereitet werden und was dabei noch zu tun ist

Katja Werner

**Zusammenfassung**

Die Digitalisierung ist ein Prozess, der seit Jahren Grund für Umstrukturierungen in Unternehmen, Bequemlichkeiten im Privatleben und einen Wandel in unserer Gesellschaft ist. Jedoch ist Digitalisierung noch immer vordergründig männlich geprägt – bis jetzt. Denn die Digitalisierung birgt auch ein großes Karrierepotenzial für Frauen. Zahlreiche Initiativen und Organisationen deutschlandweit fördern seit Jahren das Interesse junger Frauen für den Bereich MINT (Mathematik, Informatik, Naturwissenschaften und Technik) und damit auch für viele digitale Jobs. Katja Werner beleuchtet in diesem Kapitel verschiedene Aus- und Weiterbildungsangebote für weibliche Digital Natives. Sie untersucht sowohl, wie diese Angebote angenommen werden und was sie bewirken können als auch was nötig wäre, um mehr Frauen den Weg in MINT-Berufe bzw. digitale Berufe zu ebnen. Dazu werden Chancen und Herausforderungen erörtert und durch die praxisbezogene Sichtweise sowie Handlungsempfehlungen von fünf Expertinnen ergänzt.

## Einleitung

„Arbeit 4.0 ist weiblich!", so Ute Brutzki, Leiterin des Bereichs Genderpolitik beim Bundesvorstand von ver.di (Brutzki 2016). Ähnliche Titel findet man in diversen Artikeln, die sich mit der Zukunft des Arbeitsmarktes und den

K. Werner (✉)
Berlin, Deutschland
E-Mail: wernerkatja94@gmail.com

© Springer Fachmedien Wiesbaden GmbH, ein Teil von Springer Nature 2020
A. Ternès von Hattburg (Hrsg.), *Digitalisierung als Chancengeber*,
https://doi.org/10.1007/978-3-658-26893-0_4

möglichen Auswirkungen beschäftigen. Digitalisierung ist ein Prozess, welcher seit Jahren Grund für Umstrukturierungen in Unternehmen, Bequemlichkeiten im Privatleben und den Wandel unserer Gesellschaft ist. Jedoch ist Digitalisierung heute noch immer vordergründig männlich – bis jetzt.

Denn Digitalisierung ist das bisher wenig genutzte Karrierepotenzial der Frauen. Zahlreiche Initiativen und Organisationen deutschlandweit fördern seit Jahren das Interesse junger Frauen im Bereich MINT (Mathematik, Informatik, Naturwissenschaften und Technik), darunter fallen auch digitale Jobs. Neben Angeboten, welche im Schulalltag integriert sind, wie beispielsweise der *Girls'Day*, gibt es auch Möglichkeiten an Science Camps teilzunehmen, die von *Komm, mach MINT* und weiteren Initiativen organisiert werden. Es bleibt jedoch die Frage bestehen, ob und inwiefern solche Initiativen, die versuchen, das Interesse an einem bisher wenig attraktiven Berufsfeld zu fördern, Erfolge verzeichnen.

In diesem Kapitel werden vordergründig Aus- und Weiterbildungsangebote im Rahmen der Digitalisierung für weibliche Digital Natives – eine Bezeichnung für junge Menschen einer Generation, die im digitalen Zeitalter aufgewachsen sind und mit digitalen Technologien versiert umgehen können – der Altersgruppe von vierzehn bis fünfundzwanzig beleuchtet. Diese Gruppe umfasst neben Schülerinnen auch Studentinnen und Young Professionals. Des Weiteren geht es darum, wie diese Angebote angenommen werden und was sie bewirken können, beziehungsweise was nötig wäre, um mehr Frauen in MINT-Berufe und somit auch in digitale Berufe zu bringen.

## Aktuelle Situation: Zwischen Erfolgen und Herausforderungen

### Was sind „digitale Berufe"?

Zuallererst muss ein Grundverständnis von digitalen Berufen geschaffen werden, denn Digitalisierung betrifft alle bestehenden Branchen und schafft neue Berufe. Die Gesellschaft erfährt die Digitalisierung in der Regel jedoch nur an der Oberfläche. Ferner ist unter dem Begriff mehr als nur das Internet und Social Media zu verstehen. Das bedeutet, dass digitale Berufe oftmals einen IT-Schwerpunkt haben und sich somit nicht nur mit der Frage, „Was kann Digitalisierung?", sondern auch mit der Frage, „Was verbirgt sich hinter den Algorithmen?" auseinandersetzen. Das lässt darauf schließen, dass digitale Berufe nicht nur Social Media Manager und Content Marketing Manager umfassen, sondern auch Berufe wie Wirtschaftsinformatiker, Medizintechniker und IT-Security Manager.

## Aktuelle Situation der MINT-Branche

MINT-Berufe, also Berufe in den Bereichen Mathematik, Informatik, Naturwissenschaften und Technik, werden auch heute noch von Männern dominiert. Das liegt nicht zuletzt daran, dass diese Branche gesellschaftlich immer noch als solche gesehen wird. Dabei ist die MINT-Branche essenziell für die Innovationskraft in Deutschland und bietet große Perspektiven für Geflüchtete und Chancen für Integration. Außerdem weist sie den höchsten Anteil an akademischen Berufsaufsteigern auf, was bedeutet, dass die Eltern keinen akademischen Abschluss haben. Die Zahlen sprechen für sich: Ende April des Jahres 2018 hätten insgesamt 486.600 Stellen vergeben werden können. Das ist eine Zunahme von 13,1 % gegenüber dem Vorjahr. Dementsprechend ist seit der ersten Dokumentation die Zahl der Arbeitslosen in den MINT-Berufen auf den niedrigsten Wert, 24.000, gesunken. Die Daten resultieren letzten Endes auch aus dem Einsatz von ausländischen Fachkräften (IW Köln 2018a).

Die Erwerbstätigkeit ist insgesamt von 2.366.000 Personen in 2011 auf 2.697.400 Personen im Jahr 2015, also um 14 %, gestiegen. Dabei konnten MINT-Akademikerinnen eine Zunahme von 21,8 % verzeichnen. Konträr dazu ist die Anzahl der weiblichen MINT-Fachkräfte in derselben Zeitspanne um 5,7 % gesunken (Abb. 1).

Auch, wenn eine positive Entwicklung zu sehen ist, macht der MINT-Frühjahrsreport des *Instituts der deutschen Wirtschaft Köln* auch auf das bestehende

|  | 2011 | 2015 | Veränderung in Prozent |
|---|---|---|---|
| MINT-Akademiker insgesamt | 2.366.400 | 2.697.400 | 14,0 |
| davon Frauen | 477.300 | 581.200 | 21,8 |
| davon Ältere ab 55 Jahren | 448.800 | 562.400 | 25,3 |
| davon Zuwanderer | 368.600 | 470.800 | 27,7 |
| MINT-Fachkräfte insgesamt | 9.178.400 | 9.080.400 | -1,1 |
| davon Frauen | 1.063.600 | 1.002.500 | -5,7 |
| davon Ältere ab 55 Jahren | 1.707.700 | 2.094.000 | 22,6 |
| davon Zuwanderer | 1.159.100 | 1.227.800 | 5,9 |

Quelle: FDZ der Statistischen Ämter des Bundes und der Länder, Mikrozensus, Erhebungsjahre 2011 und 2015; eigene Berechnungen

**Abb. 1** Entwicklungsprozess der Beschäftigung im MINT-Bereich. (IW Köln 2018a)

Problem aufmerksam. Es müssen mehr junge Menschen für die MINT-Branche begeistert werden, um langfristig dem großen Fachkräftemangel in den MINT-Berufen entgegenwirken zu können, besonders bei der Betrachtung der künftig ausscheidenden Fachkräfte aufgrund des demografischen Wandels (IW Köln 2018b).

Aus dieser Erkenntnis heraus hat das IW Köln Forderungen und mögliche Maßnahmen formuliert, die dabei helfen sollen, die MINT-Kompetenzen junger Menschen zu fördern. Eine der wichtigsten Forderungen ist es, die Neugierde bereits in Schulen voranzutreiben, weil das Interesse und die Freude an Naturwissenschaften ein wichtiger Baustein für die künftige Entscheidung des Berufes ist. Eine mögliche Maßnahme könnten hierbei MINT-Mentoren-Programme darstellen. Des Weiteren sind Schulen mit MINT-Schwerpunkt oder MINT-Initiativen, die Schüler und Schülerinnen bestärken, ihre Kompetenzen zu erweitern, eine Option. Ebenfalls kann die Implementierung der Digitalisierung im Unterricht einen wichtigen Beitrag leisten. Dafür müssen jedoch an erster Stelle Konzepte erstellt und Lehrkräfte geschult werden (vgl. IW Köln 2018a).

Wenn die MINT-Branche Erfolge verzeichnet, profitieren davon nicht nur die Arbeitskräfte selbst, sondern infolgedessen die gesamte Wirtschaft. MINT-Akademiker mit einem Masterabschluss gehören zu den Fachkräften mit dem höchsten Bruttoeinkommen und Einstiegsgehalt. Der durchschnittliche Verdienst eines Masterabsolventen liegt in der Regel bei 38.500 EUR, bei Masterabsolventen aus MINT-Studienfächern ist dieser durchschnittlich mit 41.000 EUR dokumentiert (vgl. IW Köln 2018a). Insofern ist die MINT-Branche auch hinsichtlich der Aspekte Gehalt und finanzielle Sicherheit attraktiv.

## Frauen in MINT Studienfächern

"While women now outperform men in overall educational attainment, they remain less likely to pursue studies in the most specialised STEM fields." (OECD 2017)

Wie die *Organisation for Economic Co-operation and Development* ausführt, haben Frauen in der Regel einen besseren Abschluss und sind dementsprechend qualifizierter als Männer, entscheiden sich jedoch häufig gegen die MINT-Studien- und Ausbildungsberufe (Abb. 2). Statistiken belegen zwar einen Zuwachs an weiblichen MINT-Studienanfängern, dennoch entwickelt sich dieser über die Jahre hinweg nur sehr langsam (Abb. 3).

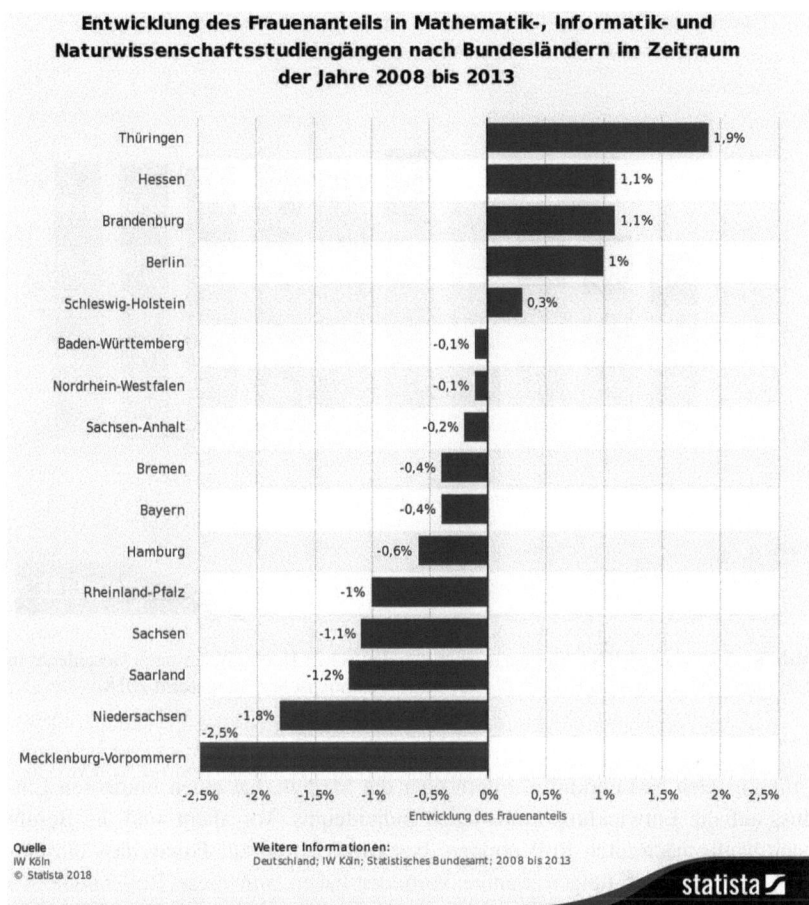

**Abb. 2** Entwicklung des Frauenanteils in Mathematik-, Informatik- und Naturwissenschaftsstudiengängen nach Bundesländern im Zeitraum von 2008 bis 2013. (IW Köln 2018c)

Bis heute ist das Interesse an Naturwissenschaften in Schulen eher Jungensache. Mädchen hingegen sind oftmals von Sprachen und künstlerisch-musischen Fächern angetan.

In erster Linie ist die gendergetrennte Berufswahl, welche auch heute noch tief in der Gesellschaft verankert ist, ein grundlegendes Problem. Das alltägliche

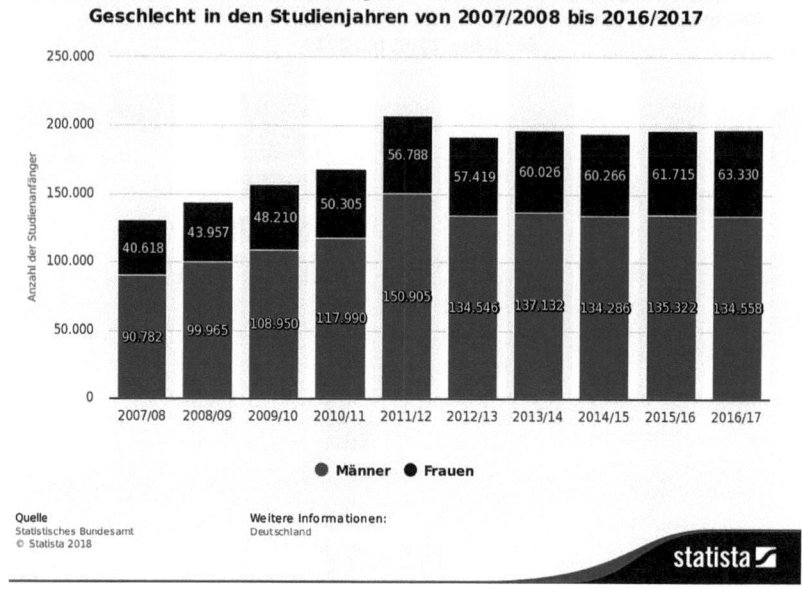

**Abb. 3** Anzahl der MINT-Studienanfänger an deutschen Hochschulen nach Geschlecht in den Studienjahren von 2007/2008 bis 2016/2017. (Statistisches Bundesamt 2018)

Umfeld, seien es Lehrkräfte, Eltern oder die Medien, hat einen immensen Einfluss auf die Entwicklung eines jeden Individuums. Vor allem sind die Berufe noch häufig nach alten Rollenbildern besetzt. Dies hat zur Folge, dass die jungen Mädchen und Jungen wenige Vorbilder haben, um diese Rollenbilder zu durchbrechen und andere Wege, die zu den eigenen Stärken und Interessen passen, zu beschreiten. Auch das unterrepräsentierte Vorhandensein von Frauen in MINT-Berufen oder andersherum von Männern in sogenannten Frauenberufen, regt zum Nachdenken an.

Betrachtet man die Entwicklung des Frauenanteils der MINT-Studienfächer in Deutschland, ist sowohl ein Rückgang als auch eine Zunahme in den unterschiedlichen Bundesländern Deutschlands zu erkennen. Allerdings ist signifikant zu sehen, dass im Zeitraum von 2008 bis 2013 in über 50 % der deutschen Bundesländer ein Rückgang identifiziert worden ist (Abb. 2).

Abb. 3 zeigt gesamtheitlich eine Zunahme an Studienanfängerinnen im MINT-Studienfächern von 2007/2008 bis 2016/2017. Diese Entwicklung lässt darauf schließen, dass der Bereich MINT an Popularität gewinnt. Gleichzeitig lässt sich sowohl bei Männern als auch bei Frauen seit den Jahren 2012/2013 nur noch eine relativ stagnierende Entwicklung der Studienanfänger im Bereich MINT beobachten.

Auch das Kompetenzzentrum Technik, Diversity, Chancengleichheit hat unzählige Datenerhebungen vorgenommen. Abb. 4 legt den Fokus auf Digitalisierung und unterscheidet dabei das Verhalten weiblicher und männlicher Nutzer, u. a. in verschiedenen Altersgruppen. Dafür wurde der Digital-Index anhand vier von Faktoren, den Teilindizes, definiert. Der erste Faktor beschäftigt sich mit dem „Digitalen Zugang", der zweite mit der „Digitalen Kompetenz", der dritte mit der „Digitalen Nutzung" und der letzte mit der „Digitalen Offenheit".

Das Ergebnis zeigt, dass die Männer insgesamt mit einem Digital-Index von 56 den Frauen mit einem Index von 46 überlegen zu sein scheinen. Dementsprechend schneiden Männer auch bei den einzelnen Faktoren besser ab als die Frauen. Daraus lässt sich schließen, dass sich Frauen bezüglich der

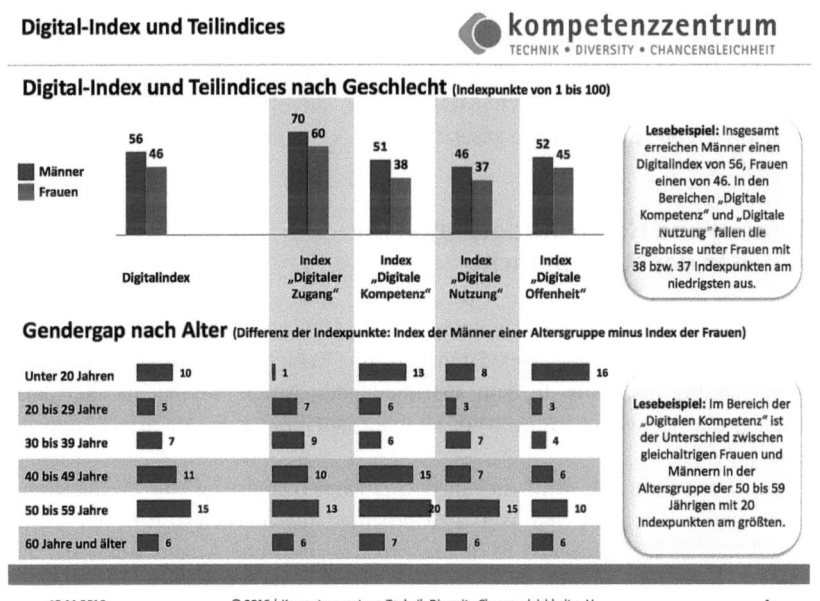

**Abb. 4** Digital-Index und Teilindizes. (Kompetenzzentrum-Technik-Diversity-Chancengleichheit e. V. 2016a)

Digitalisierung noch einiges an Kompetenzen anzueignen haben, um aktiv an der Entwicklung der Digitalisierung in den unterschiedlichen Bereichen mitwirken zu können. Die Vorsitzende des Kompetenzzentrums Technik Diversity Chancengleichheit e. V., Frau Professor Dr. Schwarze, macht dies auch mit ihrem Statement deutlich:

> „Mädchen sind zwar aktive Anwenderinnen, bleiben aber der technischen Seite der Digitalisierung vergleichsweise fern. Das erschwert eine aktive Mitgestaltung der Digitalisierung." (Prof. Dr. Barbara Schwarze 2016).

Normalerweise würde man davon ausgehen, dass vor allem die älteren Generationen Schwierigkeiten mit digitalen Themen haben, weil diese sich im Gegensatz zu den Digital Natives erst digitale Kompetenzen aneignen müssen beziehungsweise mussten. Überraschenderweise sind jedoch die nicht genügend ausgeprägten digitalen Kompetenzen nicht zwangsläufig mit dem Alter zu erklären, wie in Abb. 4 zu erkennen ist.

Letztendlich lässt sich daraus schließen, dass für Frauen die gleichen Voraussetzungen gegeben sein müssen wie für die Männer, damit sie ihren beruflichen Weg in einem MINT-Fach beschreiten können. Ebenso sollte in Anbetracht der aktuellen Situation auf mehr Angebote für relevante Weiterbildungen für bereits berufstätige Frauen im Bereich MINT sowie auf effizientere Programme für Schülerinnen und Studentinnen gesetzt werden.

## Chancen und Herausforderungen für Frauen in der MINT-Branche

In den Medien werden seit geraumer Zeit die Chancen und Herausforderungen für die Arbeitnehmer diverser Branchen im Rahmen der voranschreitenden Digitalisierung diskutiert. In dem anschließenden Absatz werden parallel dazu Chancen und Herausforderungen im Hinblick auf Frauen in der MINT-Branche beleuchtet.

Die Digitalisierung wird in allen Branchen langfristig für Veränderung sorgen und unserer Art und Weise zu arbeiten transformieren. Ein Teil dieser Veränderungen sind neue und flexiblere Arbeitsweisen und Arbeitsstrukturen, die Raum für mehr Individualität schaffen. Es ist längst keine Seltenheit mehr, teilweise von zu Hause aus zu arbeiten und trotzdem Erfolg in der Karriere zu erfahren. Das kommt Frauen, die zwar auf der Berufsleiter aufsteigen möchten, dies aber früher bedingt durch ihren Wunsch nach Familienplanung nicht konnten, sehr entgegen.

Auf politischer Ebene wird an vielzähligen Aspekten gearbeitet, u. a. durch das Bundesministerium für Frauen, Senioren, Familie und Jugend (BFSFJ). Neben Lohngerechtigkeit und Quotensteigerungen von Frauen in Führungspositionen soll eine bessere Perspektive des Wiedereinstiegs gewährleistet werden. Ziel ist es, die klassischen Rollenmodelle zu durchbrechen und genderunabhängige Voraussetzungen zu schaffen.

Wie in allen anderen Berufen stellen die gesellschaftlichen Stigmata ein grundlegendes Hindernis für Frauen und Männer bei der genderunabhängigen Berufswahl dar. Aufgrund von stereotypisierten Rollenbildern entscheiden sich immer noch zu wenige Frauen, den Sprung in die MINT-Branche zu wagen (Abb. 2 und 3). Nur wenige Schülerinnen schaffen es, ohne dass das Interesse von Lehrkräften und von Eltern gefördert wird, sich auch weiterhin explizit mit Naturwissenschaften auseinanderzusetzen und Freude daran zu verspüren (Ministerium für Wirtschaft, Arbeit und Wohnungsbau Baden-Württemberg 2017). Daraus lässt sich ableiten, dass ein grundlegendes Hindernis schon in den Schulen zum Vorschein kommt. Mädchen und junge Frauen gelangen oftmals erst gar nicht dazu, ihr anfängliches Interesse und möglicherweise auch ihr Talent weiter zu verfolgen, weil die Grundgegebenheiten, sprich das Umfeld und die fehlenden Vorbilder, dies nicht zulassen. Die Studie *Frauen in MINT-Berufen – Maßnahmen gegen den Fachkräftemangel in Europa* aus dem Jahr 2015 hat darüber hinaus herausgefunden, dass lediglich 56 % der Frauen in Europa, die in MINT-Berufen tätig sind, von ihrem Marktwert überzeugt sind, im Gegensatz zu 67 % der Männer (Kelly Services 2015).

Aus dem Vergleich der Chancen und Herausforderungen, denen Mädchen und junge Frauen im Bereich MINT gegenüberstehen, lässt sich ableiten, dass neben dem schulischen Angebot, welches noch lange nicht ausreichend den aktuellen Anforderungen des Arbeitsmarktes von heute angepasst wurde, auch außerschulische Programme und Förderungen unerlässlich sind. Es gibt deutschlandweit eine Vielzahl an Initiativen und Verbänden, die sich dieser Aufgabe gestellt und Programme unterschiedlicher Formate, u. a. mit Hilfe von Bundesministerien und Landkreisen, erarbeitet und realisiert haben. Zu den bekanntesten Programmen, die Schülerinnen jährlich die Gelegenheit bieten, frauenuntypische Berufe kennenzulernen, zählt der *Girls'Day*, welcher vom Kompetenzzentrum Technik-Diversity-Chancengleichheit e. V. initiiert wurde.

Doch obwohl es zahlreiche Initiativen zur Förderung und Gewinnung von Frauen in der MINT-Branche gibt – eine Auswahl von Initiativen wird im Laufe dieses Kapitels näher behandelt – bleiben, gemessen an den Zahlen der Studienanfängerinnen von MINT-Fächern, die gewünschten Erfolge aus.

Wie bereits angesprochen, ist der demografische Wandel und der damit zusammenhängende Fachkräftemangel als Chance für die Frauen in MINT-Berufen zu sehen. Mehrfach zu besetzende Stellen bedeuten, dass der Konkurrenzkampf um eine Stelle prozentual niedriger ausfällt und somit ein günstiger Ausgangspunkt für qualifizierte MINT-Frauen gegeben ist.

Angesichts der voranschreitenden Digitalisierung der Jobs ist darüber hinaus eine bessere Vereinbarkeit von Familie und Beruf zu erwarten. Aufgaben können aus dem Home-Office beziehungsweise von überall auf der Welt erledigt werden und damit ist künftig eine niedrigere Präsenzzeit in Unternehmen zu erwarten. Davon werden alle Berufstätigen, seien es Männer oder Frauen, profitieren. So können die gewonnene Fahrtzeit und die flexibler gestalteten Arbeitszeiten für private Belange, wie die Familie, genutzt werden.

Neben den guten Aussichten auf eine Beschäftigung sind auch die Verdienstmöglichkeiten zu nennen. Das Institut der deutschen Wirtschaft Köln hat im MINT-Frühjahrsreport aufgezeigt, dass kaum eine andere Branche solch gute Berufseinstiegsgehälter bietet, wie MINT (IW Köln 2018a). Mit der finanziellen Sicherheit und der gewonnen Zeit durch agile Arbeitsstrukturen ist dementsprechend auch eine gute Voraussetzung für eine hohe Lebensqualität gegeben.

Abschließend lässt sich sagen, dass verschiedene Hürden und Herausforderungen den Einstieg für Frauen in die MINT-Branche erschweren, dass sie gleichzeitig aber viele Chancen und Möglichkeiten bereithält.

## Initiativen für weibliche Digital Natives zur Vorbereitung auf digitale Berufe

Deutschlandweit gibt es neben dem bereits erwähnten *Girls' Day* unzählige Initiativen, die sich mit dem Thema beschäftigen, wie die MINT-Branche attraktiver gestalten werden kann und wie Digital Natives einen besseren Einstieg in digitale Jobs finden. Dabei handelt es sich um Initiativen fernab von schulintegrierten Angeboten. Neben Initiativen und Verbänden, die sich ganzheitlich um Frauen in MINT kümmern, wie die Initiative *Komm, mach MINT,* gibt es auch diverse Verbände mit einem Schwerpunkt MINT, wie beispielsweise der Deutsche Ingenieurinnenbund (dib). Im Folgenden werden sechs Initiativen beleuchtet, die das Augenmerk auf die optimale Integration u. a. von weiblichen Digital Natives in den immer weiter digitalisierten Arbeitsmarkt legen und darüber hinaus als Netzwerke dienen.

## Kompetenzzentrum Technik-Diversity-Chancengleichheit e. V.

Das Kompetenzzentrum wurde 1994 unter dem Namen *Frauen geben Technik neue Impulse* von der damaligen Deutschen Bundespost Telekom und der Bundesanstalt für Arbeit gegründet und legte somit den Grundstein für ein Netzwerk, welches Frauen in der Technik unterstützt. Seit 1996 ist der Hauptsitz an der Fachhochschule in Bielefeld. Aufgrund einer positiven Entwicklung der Initiative wurde im Jahr 1999 aus dieser ein gleichnamiger Verein. Der Verein widmete sich dem Projekt *Kompetenzzentrum für Frauen in Informationsgesellschaft und Technologie,* welches im Jahr 2005 das Gewicht neben dem eigentlichen Schwerpunkt auch auf die Chancengleichheit verlagerte und die bis dato letzte Namensänderung zu *Kompetenzzentrum Technik-Diversity-Chancengleichheit e. V.* erlebte.

Unterstützt wird der Verein u. a. von dem Bundesministerium für Bildung und Forschung (BMBF) und dem Bundesministerium für Familie, Senioren, Frauen und Jugend (BFSFJ). Nicht zuletzt ist das breite Netzwerk an Partnern und Mitgliedern zu erwähnen. Die Mitglieder unterteilen sich in 25 persönliche und 29 institutionelle Mitglieder, vier Förder- und sechs Ehrenmitglieder (Stand 2018). Gemeinschaftlich bilden diese Mitglieder ein zweiundsechzigköpfiges Entscheidungsgremium, welches sich jährlich zu einer Tagung trifft.

Grundlegendes Ziel des Vereins ist es, sowohl Frauen in männertypischen als auch Männer in frauentypischen Berufen und somit ein Umdenken von traditionellen Rollenbildern zu fördern. Neben den zahlreichen Projekten und Initiativen ist das Kompetenzzentrum mit seiner langjährigen Expertise in der Erforschung der Themenbereiche Technik, Diversity und Chancengleichheit aktiv und führt auch auf Anfrage externer Auftraggeber Studien, Evaluationen und Datenerhebungen durch. Weitere Tätigkeiten finden sich in den Bereichen Beratung, Öffentlichkeitsarbeit und Vernetzung (Kompetenzzentrum Technik-Diversity-Chancengleichheit e. V. 2018c).

### Girls'Day

*Der Girls'Day – Mädchen-Zukunftstag,* ist ein Projekt, welches sich seit 2001 dafür einsetzt, dass Mädchen ab der fünften Klasse einen Tag lang ingenieur-, naturwissenschaftliche und technische Berufe kennenlernen können. Dieser Aktionstag der Berufsorientierung gilt als der größte weltweit. Seit dem Start im Jahre 2001 haben etwa 1,9 Mio. Mädchen an dem Zukunftstag teilgenommen (Kompetenzzentrum Technik-Diversity-Chancengleichheit e. V. 2018a). Das gesetzte Ziel des *Girls'Day* ist es, die in der Gesellschaft fest verankerten genderspezifischen Strukturen bei der Berufswahl zu durchbrechen und so männerdominierte Berufe

(Anteil weiblicher Arbeitnehmerinnen unter 40 %) für junge Frauen attraktiv zu gestalten (Kompetenzzentrum Technik-Diversity-Chancengleichheit e. V. 2018e). Denn bis heute beherrschen mehr die Geschlechterklischees als individuelle Interessen die Berufswahl, sowohl bei Jungen als auch bei Mädchen. Die Initiative agiert schon lange nicht nur bundesweit; seit 2011 ist der *Girls'Day* auch international aktiv, so beispielsweise in Norwegen, Kirgistan, Südkorea und Äthiopien (Kompetenzzentrum Technik-Diversity-Chancengleichheit e. V. 2018b).

Im Jahr 2016 hat das Kompetenzzentrum für Technik-Diversity-Chancengleichheit eine Umfrage zur weiterführenden Berufswahl durchgeführt, mit dem Schwerpunkt auf der bevorstehenden Entscheidung über Ausbildung und Studium. Ziel der Datenerhebung war es herauszufinden, ob und wie viele Mädchen sich nach dem *Girls'Day* vorstellen können in einem männerdominierten Beruf tätig zu werden. Dazu wurden Befragungen vor und nach dem *Girls'Day* durchgeführt. In Abb. 5 sind die entstandenen Ergebnisse dargestellt. Insgesamt haben

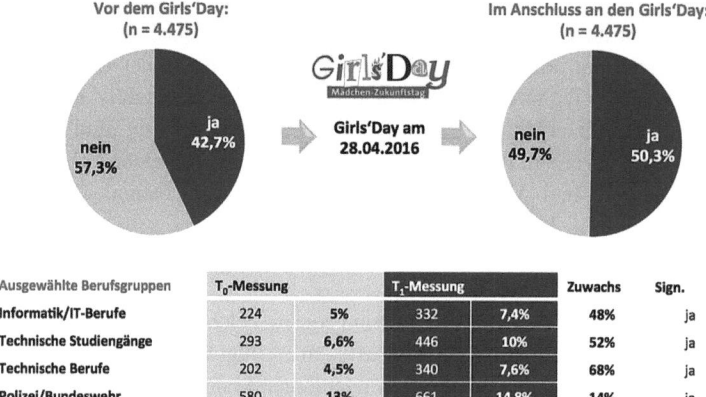

**Abb. 5** Der Girls'Day erweitert das Berufswahlspektrum von Mädchen. (Kompetenzzentrum Technik-Diversity-Chancengleichheit e. V. 2016b)

nach der Befragung über 50 % der Mädchen angegeben, dass sie möglicherweise einem in dieser Abbildung aufgezählten Berufe nachgehen würden. Somit legen die gegebenen Daten einen Erfolg des *Girls'Days* nahe.

Abb. 6 zeigt die Entwicklung der angebotenen Anzahl an Plätzen für Schülerinnen und der Anzahl an Angeboten von Unternehmen über den gesamten Zeitraum von 2001 bis 2017. Man erkennt schnell, dass sich die anfangs geringe Anzahl von 1800 Plätzen für Schülerinnen und 39 Angeboten von Unternehmen im Jahr 2001 bereits im darauffolgenden Jahr um das 23- beziehungsweise 32-fache vervielfacht hat. Im Jahr 2017 konnte die 100.000-Marke bei der Anzahl an Plätzen und die 10.000-Marke bei der Anzahl an Angeboten von Unternehmen gebrochen werden. Damit ist das steigende Interesse an MINT-Berufen seitens der Schülerinnen und das Interesse an qualifizierten, weiblichen Fachkräften seitens der Unternehmen nicht widerlegbar.

Der *Girls'Day* wird vom BMBF und dem BFSFJ gefördert und vom Deutschen Gewerkschaftsbund (DGB), der Bundesagentur für Arbeit, dem Bundesverband der Deutschen Industrie (BDI) und diversen anderen Stellen unterstützt.

**Girls'Day – Mädchen-Zukunftstag im Überblick 2001 - 2017**

Der Girls'Day – Mädchen-Zukunftstag gilt als das weltweit größte Berufsorientierungsprojekt für Schülerinnen.

|        | Anzahl Plätze für Schülerinnen | Anzahl Angebote von Unternehmen/ Organisationen | Regionale Arbeitskreise | GD-Plätze pro 100 Schülerinnen* |
|--------|-------|---------|-----|-----|
| 2001   | 1.800     | 39      |     |     |
| 2002   | 42.500    | 1.267   | 83  |     |
| 2003   | 101.011   | 3.905   | 173 |     |
| 2004   | 114.063   | 5.303   | 210 |     |
| 2005   | 127.115   | 6.974   | 267 |     |
| 2006   | 121.681   | 7.085   | 309 |     |
| 2007   | 137.489   | 8.113   | 345 | 5,4 |
| 2008   | 132.537   | 8.626   | 350 | 5,4 |
| 2009   | 127.113   | 9.098   | 356 | 5,3 |
| 2010   | 122.588   | 9.618   | 367 | 5,3 |
| 2011   | 125.512   | 9.831   | 358 | 5,5 |
| 2012   | 115.721   | 9.562   | 358 | 5,2 |
| 2013   | 108.297   | 9.240   | 357 | 4,9 |
| 2014   | 102.927   | 9.009   | 351 | 4,7 |
| 2015   | 103.011   | 9.452   | 347 | 4,7 |
| 2016   | 98.402    | 9.573   | 334 | 4,7 |
| 2017   | 100.020   | 10.354  | 339 | 4,8 |
| gesamt | 1.781.787 | 127.049 |     |     |

* bezogen auf alle Schülerinnen der Klassenstufen 5-10 jeweils des Vorjahres laut Statistischem Bundesamt.

**Abb. 6** Girls'Day – Mädchenzukunftstag im Überblick 2001–2017. (Kompetenzzentrum Technik-Diversity-Chancengleichheit e. V. 2018f)

Die Koordination der Initiative unterliegt dem Kompetenzzentrum Technik-Diversity-Chancengleichheit e. V.

**Komm, mach MINT**

*Komm, mach MINT* wurde im Jahr 2008 gegründet, wird vom Bundesministerium für Bildung und Forschung (BBF) gefördert und ist bis heute die einzige Netzwerkinitiative Deutschlands, welche ebenfalls ein Projekt des Kompetenzzentrums Technik-Diversity-Chancengleichheit e. V. darstellt. Wie die Initiative *Girls'Day* oder auch das Pendant für männliche Schüler, der *Boys'Day*, zählt die Initiative zu den führenden Projekten, die Mädchen und jungen Frauen neue Wege für ihren beruflichen Werdegang in frauenuntypischen Berufe im MINT-Bereich aufzeigen. Denn es kann, so *Komm, mach MINT*, dem bereits erwähnte Problem des Fachkräftemangels in MINT-Berufen mit qualifizierten jungen Frauen entgegengewirkt werden. Die Zielgruppe richtet sich dementsprechend sowohl an Schülerinnen, die sich für einen weiteren Bildungsweg entscheiden als auch an Studentinnen, die auf der Suche nach einem passenden Beruf sind.

(Kompetenzzentrum Technik-Diversity-Chancengleichheit e. V. 2017). Insgesamt bestand das Netzwerk im Jahr 2018 bereits aus 260 Partnern, die nicht nur in Politik und Wirtschaft, sondern auch in Medien und Verbänden tätig waren (Kompetenzzentrum Technik-Diversity-Chancengleichheit e. V. 2018d). Jeder dieser Partner hat ein sogenanntes Memorandum unterschrieben, welches 2008 verabschiedet wurde. Mit ihrer Unterschrift bestätigen alle Partner, aktiv bei der Gestaltung von Maßnahmen zur Erreichung der Ziele mitzuwirken.

Der Leitgedanke, eine solche Initiative zu gründen, ist aus dem Rückgang von Studienanfängerinnen in den ingenieurswissenschaftlichen, mathematischen und naturwissenschaftlichen Studienfächern und eines künftig zunehmenden Fachkräftemangels entstanden. Obwohl sich regionale Initiativen für das Interesse der MINT-Fächern stark machten, erzielten diese nicht den gewünschten Erfolg. Spezialisten aus Politik, Wissenschaft, Wirtschaft und bereits vorhandenen Initiativen und Vereinen erkannten das bestehende Problem und vereinten ihre Kräfte, sodass eine bundesweite Kooperation entstand, die ein gemeinsames Ziel verfolgt (Kompetenzzentrum Technik-Diversity-Chancengleichheit e. V. 2017). Diese Kooperation lässt jedem Partner Raum, an bereits bestehenden Projekten weiterzuarbeiten sowie neue Projekte und die bundesweite Ausweitung dieser zu initiieren. So sind auf der Website unzählig wechselnde Projekte zu finden, die sich mit dem Thema Bildung in Bereich MINT, Frauen und Chancengleichheit befassen. Die Projekte werden dank des Netzwerkes vom BBF unterstützt und gefördert. Beispielhaft sind derzeit geförderte Projekte wie *DigitalMe, Frauen in MINT* und *Gendering MINT 4.0* zu nennen.

## Initiative Klischeefrei

Die 2014 entstandene Initiative *Klischeefrei* wurde von dem BMFSFJ initiiert und wird bis heute vom BMFSFJ und des Weiteren von dem BMBF gefördert. Die Fachstelle von *Klischeefrei* ist beim Kompetenzzentrum Technik-Diversity-Chancengleichheit angesiedelt, welches ebenfalls Mitglied der Initiative *Klischeefrei* ist.

Mittlerweile sind zahlreiche Partner aus Politik, Wirtschaft, Bildung und weiteren tatkräftig an einer genderunabhängigen Gestaltung der Berufswahl beteiligt (BMFSFJ 2017). Neben den kontinuierlich aktiven Partnern, dem sogenannten Ständigen Forum, gibt es auch weitere Organisationen und Unternehmen, die sich mit dem Thema auseinandersetzen und somit als Teil dieser Initiative einen aktiven Beitrag zur Förderung genderunabhängiger Bildung leisten (Klischeefrei im Bundesinstitut für Berufsbildung [BIBB] 2018). *Klischeefrei* ist somit eine bundesweite Kooperation, die es sich zur Aufgabe gemacht hat, sowohl die Studienwahl als auch die Berufswahl unabhängig vom Geschlecht zu gestalten und zu fördern. Sie richtete sich im Gegensatz zu den bereits vorgestellten Initiativen nicht nur an Mädchen und junge Frauen, sondern auch an Jungen und junge Männer.

Der Ansatz von *Klischeefrei* soll den auch heute noch gegenwärtigen gesellschaftlichen Stigmata von typischen Rollenbildern und entsprechenden Frauen- und Männerberufen langfristig entgegenwirken. Das weiterführende Ziel der Initiative ist es, das Angebot der genderunabhängigen Ausbildungsangebote anzupassen und zu erweitern, Chancengleichheit zu schaffen und auf individuelle Stärken und Talente aufmerksam zu machen, da die richtige Berufswahl eine allgemeine Zufriedenheit eines jeden Menschen nach sich zieht. Dementsprechend kann auch ein wichtiger Beitrag für die gesamte Wirtschaft und Gesellschaft generiert werden (Klischeefrei 2018).

Damit dieses Ziel erreicht werden kann, ist nicht nur die Beteiligung unterschiedlicher Partner aus Politik und Wirtschaft essenziell, sondern vor allem das Engagement von ausbildenden Institutionen. Nur der Zusammenschluss aller genannten Partnern kann eine langfristige Veränderung der stereotypen Rollenbildern bezüglich der Berufswahl vorantreiben.

## Geekettes

"If you can show that women do exist within a tech scene, it can have an impact. We are often treated as a very small minority when in fact we are not." (Jess Erickson, Gründerin der *Geekettes*, zitiert nach Eddy 2012)

Wie im obigen Zitat deutlich wird, will die gemeinnützige Organisation *Geekettes,* die im Jahr 2012 von Jess Erickson und Denise Philipp in Berlin gegründet wurde, der fehlenden Aufmerksamkeit für die vielen Frauen in der Tech-Industrie entgegenwirken und demzufolge für junge Frauen eine Alternative zu den gängigen Berufswegen bieten.

Anfänglich eine Gruppe auf Facebook, welche IT- und Technologieinteressierten eine Stimme geben und sie vernetzten sollte, ist *Geekettes* nun zu einem großen Netzwerk herangewachsen. Dabei spielt es keine Rolle, wie viel Erfahrung jede Einzelne mitbringt. Es soll ferner ein Konzept des voneinander miteinander Lernens sein. Denn die *Geekettes* sind der festen Überzeugung, dass nicht nur Frauen allein, sondern im Umkehrschluss auch alle Unternehmen von qualifizierten Frauen im Bereich Technologie und der daraus resultierenden Diversität profitieren können. So sehen das auch viele Unternehmen, was sich beispielsweise darin zeigt, dass die Deutsche Telekom die *Geekettes* zwölf Monate lang unterstützt hat. Vor allem wollen die *Geekettes* für alle jungen Frauen, die ihre Passion für Technologie ausleben wollen, denen es aber an Mut und Sicherheit fehlt, Vorbilder schaffen. Das erreichen sie durch ihr Mentoring-Programm mit der Mission: „Ältere Frauen geben ihre Erfahrungen an jüngere weiter [...]" (Niemann 2013).

Neben dem Mentoring-Programm organisieren die *Geekettes* zahlreiche Veranstaltungen, u. a. Workshops, monatliche Treffen und sogenannte Hackathons, bei dem man in kürzester Zeit einen Prototyp eines Produktes programmieren kann (Korbik 2013).

Die *Geekettes* gibt es schon lange nicht mehr nur in Berlin, sondern sind mittlerweile international an neun Standorten vertreten, darunter Hamburg, New York, Maastricht und London.

## Initiative NAT

Die Initiative *NAT,* kurz für Naturwissenschaften und Technik, macht sich für das Verbreiten des Interesses an MINT-Fächern stark. Gegründet im Jahr 2007 in Hamburg, arbeitet *NAT* unermüdlich an Projekten, die gesellschaftlich mehr Aufmerksamkeit für die vielen beruflichen Perspektiven, die MINT-Studiengänge mit sich bringen, erzeugen sollen. Neben der Förderung von jungen Frauen im Bereich MINT, engagiert sich die Initiative für Chancengleichheit und das Ablegen von gesellschaftlichen Klischees bezüglich Männer- und Frauenrollenbildern. Getragen wird die regionale Initiative von der Hamburger Technologie Stiftung, der Körber Stiftung und von diversen Hamburger Universitäten und Hochschulen. Zu den Förderern der Initiative *NAT* gehören die Claussen Simon

Stiftung, die Haspa Hamburg Stiftung und die Joachim Herz Stiftung. Die Finanzierung setzt sich hauptsächlich aus den Trägern, Förderern und aus Spenden zusammen.

Den Fokus legt diese Initiative auf die Vorbereitung junger Menschen auf die großen Themen unserer heutigen Welt: Nachhaltigkeit, Digitalisierung, Energie und Mobilität. Umgesetzt wird dies in verschiedenen Projekten. Darunter fallen die Projekte *90 min MINT, 3-D-Druck, Schülerkongress, Schülerbeirat, NAT-Tagung, (M)integration* und das im Folgenden beschriebene Projekt *mint:pink*. (Initiative NAT 2018).

*mint:pink* ist ein seit 2013 laufendes Projekt, das speziell auf Mädchen zugeschnitten wurde. Kernziel des Projektes ist es, mehr Mädchen für MINT-Programmen zu begeistern und ihnen die Hürden zu nehmen – sei es, den Mut aufzubringen ein naturwissenschaftliches Profil in der Schule zu wählen oder sich für ein naturwissenschaftliches Studienfach und späteren Berufsweg zu entscheiden. Wichtig ist nur, das Interesse und das noch unentdeckte Talent zu erkennen und dieses zu fördern. Das Projekt möchte klar Stellung beziehen: Mädchen können MINT genauso gut wie Jungen. Doch oftmals fehlt eine letzte ermutigende Erfahrung, diesen Schritt zu gehen.

> „Diese Erfahrung gibt ‚mint:pink' unzähligen Mädchen an die Hand. Die Fotos der Teilnehmerinnen sprechen für sich: Sie erzählen von spannenden Aha- Momenten, von Begeisterung und Faszination. mint:pink ist eine Erfolgsstory – und sie geht weiter." (Initiative NAT 2017)

Um solch positive Ergebnisse bei der Interessensförderung generieren zu können, hat *NAT* drei sogenannte Hebel definiert. Erstens muss das Interesse gefördert werden, bevor die Schülerinnen ihren Schwerpunkt für die Oberstufe wählen. Zweitens müssen MINT-interessierte Schülerinnen schul- und klassenübergreifend zusammengebracht werden. Drittens müssen Veranstaltungen organisiert werden, damit Schülerinnen mit Menschen aus der Praxis in den Dialog kommen und über die Relevanz und Vielseitigkeit von Berufen dieser Branche aufgeklärt werden (Initiative Nat 2017).

## CyberMentor

*CyberMentor* ist eine Plattform, die Schülerinnen der Klassen fünf bis zwölf Vorbilder aus dem MINT-Bereich bietet. Die Idee für eine solche Plattform kam durch ein ähnlich aufgebautes und gleichnamiges Programm aus den USA.

Nachdem der Antrag bewilligt wurde, wurde *CyberMentor* im Jahr 2005 als ein Pilotprojekt von Prof. Dr. Heidrun Stöger und Prof. Dr. Dr. Albert Ziegler auch in Deutschland gegründet und von dem Baden-Württembergischen Ministerium für Ernährung und ländlichen Raum gefördert. Einige Jahre später wurde *Cyber-Mentor* in den Nationalen Pakt für Frauen in MINT-Berufen aufgenommen und vom Bundesministerium für Bildung und Forschung (BMBF) und von dem Europäischen Sozialfond gefördert. Mittlerweile übernehmen diese Aufgabe diverse Unternehmen wie Daimler und SAP.

Das Konzept der Plattform besteht darin, zwei Mentorinnen und zwei Schülerinnen für ein Jahr zu vernetzen und sich in einen Gedankenaustausch begeben zu lassen. Diese durchlaufen vier Phasen: *MINT im Alltag, MINT aktiv, MINTeinander* und *MINTblick*. In der ersten Phase lernen sich die Teams kennen und erörtern gemeinsam Alltagsfragen zu MINT. In der zweiten Phase werden spannende Projekte angeregt. Die dritte Phase ist für gruppenübergreifendes Arbeiten gedacht. So können die Schülerinnen ihren Horizont erweitern. In der letzten Phase wird Gelegenheit geboten, das vergangene Jahr zu reflektieren (Cybermentor 2018a).

Jährlich können bis zu 800 Schülerinnen an dem Programm teilnehmen. Der Einstieg ist mehrmals im Jahr möglich (Cybermentor o. J.). Das Besondere an *CyberMentor* ist der Forschungsaspekt. Dabei gilt es, *CyberMentor* zu evaluieren und damit mögliche Problemfelder zu identifizieren und Lösungen zu erarbeiten (Cybermentor 2018a).

> „71 % aller ehemaligen Teilnehmerinnen wählen nach Verlassen des Programms ein MINT-Fach als Studienfach oder Ausbildungsrichtung, was für die Nachhaltigkeit des Programms spricht." (CyberMentor 2018b)

Wie aus dem obigen Zitat hervorgeht, erfährt *CyberMentor* seit jeher eine Erfolgsgeschichte. Inzwischen haben insgesamt über 5000 Mädchen an diesem Programm teilnehmen können (Cybermentor 2018a).

## Theorie trifft Praxis: Expertinnen im Interview

Im folgenden Abschnitt werden die aus der Theorie gewonnen Erkenntnisse mithilfe von Expertinneninterviews diskutiert, verglichen und anschließend evaluiert. Die interviewten Expertinnen können aufgrund ihrer jahrelangen Berufserfahrung in der Digitalisierung ihre praxisbezogene Sichtweise auf die gegebene Situation sowie auf mögliche Maßnahmen zur Verbesserung dieser darlegen. Des Weiteren

**Tab. 1** Interviewte Expertinnen im Bereich der Digitalisierung. (Eigene Darstellung)

| Name | Alter | Unternehmen | Position |
|---|---|---|---|
| Romy Stühmeier | 42 | Kompetenzzentrum e. V. | Projektleiterin |
| Katja Bröckl-Bergner | 47 | Digital to School | Co-Founderin und Freiberuflerin |
| Anja Weusthoff | 51 | DGB Frauen, Familien- und Gleichstellungspolitik | Abteilungsleiterin |
| Bettina Hermes | 41 | solutions.hamburg | Head of solutions.hamburg |
| Christina Joho | 47 | Initiative FEMALE FUTURE LEADERS und „Starke Mädchen: Selbstbewusst & digital fit" | Gründerin der Initiativen und Consultant für digitale Transformation |

werden in Anlehnung zu den Aussagen der Expertinnen zusätzliche Handlungsempfehlungen zur Förderung des Interesses an MINT-Berufen formuliert.

Die Expertinnengruppe umfasst fünf Frauen (Tab. 1), die aufgrund ihres Alters der Gruppe der sogenannten Digital Immigrants angehören, wobei sich eine der Expertinnen selbst als Digital Native definiert.

Grundlage für die qualitative Erhebung der Daten bildete ein Fragenkatalog, der sowohl als Leitfaden für das Gespräch fungierte als auch den Raum für eine offene Diskussion des Themas ermöglichte. Darin wurden u. a. Einschätzungen zur Entwicklung des Interesses an digitalen Berufen eingeholt und Maßnahmen erfragt, die bereits jetzt zur Förderung dieses Interesses beitragen. Darüber hinaus wurden die Bedürfnisse und der Mehrwert weiblicher Digital Natives für ein Unternehmen erfragt. Abschließend ging es darum, bildungspolitischen Voraussetzungen zu identifizieren, durch die Digital Natives einen bestmöglichen Einstieg in digitale Jobs finden.

## Die Entwicklung des Interesses an MINT-Berufen

Wie bereits dargestellt, sind die Grundvoraussetzungen für eine Anstellung in einem MINT-Beruf besser, als in irgendeiner anderen Branche. Im Zeitalter der Digitalisierung entfallen und verändern sich Berufe und neue werden geschaffen. Die Digitalisierung erfordert Flexibilität und schnelle Anpassungs- und Auffassungsfähigkeiten, die auf professioneller Ebene schon bald nicht mehr wegzudenken sein werden. Das bedeutet, dass digitale Kompetenzen im gleichen Maße wie berufsspezifische Qualifikationen eine beträchtliche Rolle spielen werden. Gleichzeitig wissen die allerwenigsten, was sich hinter digitalen Jobs verbirgt. Bettina Hermes, Head of solutions.hamburg, sieht den Grund darin, dass „Digitalisierung" zu einem Buzzword verkommen ist. Der Begriff sei zu einer schicken Berufsbezeichnung geworden, doch etwa 70 %, die „etwas mit Digitalisierung machen", wären Social Media Manager, und das habe nichts mit Digitalisierung zu tun (Hermes 2018). Zu den digitalen Jobs gehören allerdings u. a. technische Kompetenzen, die nur die wenigsten vorweisen können. Anja Weusthoff, Abteilungsleiterin des DGB Frauen-, Familien- und Gleichstellungspolitik, veranschaulicht diese Kompetenzen anhand eines Beispiels:

> „Fast alle Frauen haben einen Führerschein, aber nur ganz wenige Frauen werden Mechatroniker. Also Frauen benutzen die Autos genauso selbstverständlich wie Männer, aber das tiefergehende Interesse – wie funktioniert dieses Auto und was kann ich tun, damit dieses fährt? – das entwickeln offenbar im Wesentlichen nur Männer. So scheint es mir auch mit der Digitalisierung." (Weusthoff 2018)

Die befragten Expertinnen sind sich einig, dass das Interesse an digitalen Berufen enorm gestiegen ist. Gleichzeitig merken sie an, dass sich derzeit die Unternehmen schneller entwickeln, als Schulen die nötigen Kompetenzen lehren können. Für Digital Natives sind diese relativ neuen Anforderungen des Arbeitsmarktes durch die natürliche Implementierung der Digitalisierung im privaten Gebrauch auf eine Art und Weise selbstverständlich. Doch es fehlen in der Tat tiefer gehende Kompetenzen, die Unternehmen von ihren potenziellen Fachkräften, den Digital Natives fordern. So kommt Romy Stühmeier, Projektleiterin der Themenfelder Digitale Integration, Berufsorientierung und Lebensplanung des Kompetenzzentrums Technik-Diversity-Chancengleichheit, zu der Aussage: „Digital Natives sind ja nicht per se bessere Mitarbeiter/innen." (Stühmeier 2018).

## Effektivität der Initiativen

> „Wenn wir es schaffen in den Mädchen den Funken der Begeisterung für Digitales zu entfachen, ist viel erreicht. Dann ist der Grundstein gelegt für mehr digitale Macherinnen, Erfinderinnen und Weltveränderinnen." (Joho 2018)

Diese Aussage wurde im Interview von Christina Joho getroffen, Gründerin von Female Future Leaders, einer Initiative, die jungen Mädchen alle Facetten der Digitalisierung näherbringt und die zukünftige Mitgestalterinnen der Digitalisierung in Führungspositionen hervorbringen möchte. Dies ist eine Mission, die auch andere, bereits vorgestellte Initiativen teilen. Im Folgenden wird die Effektivität solcher Initiativen näher betrachtet.

Wie der erste Teil dieses Beitrages zeigte, kann nicht bestritten werden, dass es genügend Förderprogramme und Netzwerke für jede erdenkliche Nische der MINT- und Digitalisierungsbranche gibt. Doch es hat sich ein Problem herauskristallisiert: Eine Vielzahl der diversen Angebote ist in der Gesellschaft nicht ausreichend angekommen. Auch die interviewten Expertinnen konnten teilweise nur wenige Beispiele für Initiativen nennen, die sich dem Interesse junger Frauen für MINT gewidmet haben. Oftmals wurde der stark beworbene *Girls'Day* oder Netzwerke, wie beispielsweise *Digital Media Women*, genannt, in denen sich bereits Berufstätige und Young Professionals austauschen können.

Doch auch weniger bekannte, regionale Initiativen wie NAT in Hamburg leisten einen entscheidenden Beitrag zu der Interessensförderung für digitale Berufe und damit einhergehend zu einer chancengleichen Gestaltung beruflicher und wirtschaftlicher Perspektiven. Aus diesem Grund müssen Initiativen aktiver in den Blickwinkel der Gesellschaft rücken. Denn nur so können junge Menschen, die weder im Elternhaus, noch in der Schule gefördert werden, ihre möglicherweise versteckten Interessen entdecken.

Obwohl der *Girls'Day* Erfolge verzeichnen kann, sind die Expertinnen dazu geteilter Meinung. Einerseits sind sie erfreut über Möglichkeiten, die er eröffnet, andererseits sehen sie das Konzept kritisch. Denn die Vor- und Nachbereitungen des Zukunftstages bleiben in der Verantwortlichkeit von Lehrkräften und schulischen Einrichtungen und werden nur in wenigen Schulen in ausreichendem Umfang durchgeführt. In der Regel werden sie vernachlässigt, und so verschwindet die gewonnene Erfahrung der Mädchen, ohne reflektiert zu werden. Katja Bröckl-Bergner kommt daher zu dem Schluss, dass der Girls'Day „nicht nachhaltig" sei (Bröckl-Bergner 2018).

Folglich reicht ein Tag im Jahr nicht aus, um das Interesse an MINT wirksam zu entwickeln. Außerschulischen Angeboten fehlt es darüber hinaus an Präsenz in der gesamtheitlichen deutschen Bevölkerung.

## Digitalisierung ist weiblich!

In der folgenden Ausführung wird diskutiert, ob und in welchem Umfang die Digitalisierung weiblich ist. Um eine Einschätzung der Validität dieser Behauptung treffen zu können, wurden die Expertinnen nach dem Mehrwert einer weiblichen Digital-Arbeitnehmerin für ein Unternehmen gefragt. Es stellte sich heraus, dass die Fragestellung zum Nachdenken anregte und alle Befragten zu ähnlichen Antworten tendierten.

„Ich bin der festen Überzeugung, dass es, damit dies [Innovationen und Weiterentwicklungen zu ermöglichen] erfolgreich gelingt, Frauen bedarf. Bestenfalls 50% Frauen in allen Ebenen. Denn die Digitalisierung ist längst eine Revolution, die alle Bereiche des Lebens und unserer Gesellschaft durchdringt und diese grundlegend verändert." (Joho 2018)

Christina Joho stellt klar, dass die gesamte Gesellschaft von der voranschreitenden Digitalisierung betroffen ist. Frauen müssten sich aktiv an der Gestaltung unserer digitalen Welt beteiligen, denn nur so könne diese Revolution, welche neue Strukturen zum Vorschein bringt, langfristig genderunabhängig moduliert werden (Joho 2018).

Obwohl die Steigerung an weiblichen MINT-Interessierten sich nur sehr langsam entwickelt und diese Branche nach wie vor von Männern dominiert wird, ist es nicht auszuschließen, dass sich dies künftig ändern wird. Dazu muss diese Branche an ihrem Image arbeiten und junge Frauen über konkrete Chancen und Möglichkeiten aufklären. Denn es weiß auch heute noch nur ein relativ geringer Anteil der Mädchen, welche Berufe sie mit dem Schwerpunkt MINT ausüben können und wie die Verdienstmöglichkeiten und Arbeitsbedingungen in dieser Branche konkret für sie aussehen könnten:

„Und ich glaube, dass das [zu Hause arbeiten, wenn das Kind kurzfristig krank wird] viele einfach nicht wissen, dass das besonders in IT Unternehmen viel, viel leichter ist." (Hermes 2018).

Die Initiativen bemühen sich, über diese Problematik aufzuklären, die gesellschaftlichen Stigmata sitzen jedoch noch tief in den Köpfen der Menschen. Um diese Stigmata im Hinblick auf Rollenbilder zu lösen, bedarf es noch eines weiten Weges, womöglich noch über mehrere Generationen.

Die Expertinnen sind sich einig: Diversität statt Klischee. Die Zukunft der Unternehmensstrukturen sind diverse Teams. Denn nur, wenn Beschäftigte mit unterschiedlichem Hintergrund – sei es Geschlecht, Nationalität oder Alter – zusammenarbeiten, können bestmögliche Ergebnisse erreicht werden (Weusthoff 2018).

Demnach ist Digitalisierung nicht weiblich, sondern divers zu sehen. Es gehe nicht darum, ein Gender in den Vordergrund zu stellen, sondern die effektivste Weise zu ermitteln, um langfristig im Wettbewerb bestehen zu können. Christina Joho bringt es auf den Punkt:

„Kollaboration spielt eine größere Rolle als Einzelkämpfertum, denn die anstehenden Veränderungen, die die Digitalisierung mit sich bringt, sind komplex und stets im Wandel." (Joho 2018)

## Voraussetzungen und Forderungen an Politik und Bildung

Der abschließende Anschnitt dieses Beitrages befasst sich mit den Voraussetzungen und Forderungen, welche erfüllt sein müssen, um Erfolge bezüglich der Inkludierung von Digital Natives in digitale Berufe verzeichnen zu können.

„Ich glaube, es ist schon nach zwölf hier bei uns." (Bröckl-Bergner 2018)

Katja Bröckl-Bergner macht deutlich, dass wir schon genug Studien hätten, die besagen, dass Deutschland sich langsamer entwickelt als andere Länder. Sie ist sich dessen bewusst, wie schwierig es ist, die Bildung zu reformieren, weil Bildung in Deutschland zu politisch sei. Deswegen wäre ein erster wichtiger Schritt, die Ausbildung von Lehrkräften an aktuelle Gegebenheiten und Entwicklungen anzupassen (Bröckl-Bergner 2018).

Denn selbst in Schulen, die bereits über Computerräume und Smartboards verfügen, ist die Digitalisierung noch lange nicht in ihrer Gänze implementiert. Schulen brauchen laut der Expertinnen eine bessere Berufsorientierung, das Engagement der Lehrkräfte und die richtigen Medienkonzepte, welche von Personen mit Digitalisierungs-Know-how entwickelt werden müssen.

Vor allem aber müssen alle beteiligten Parteien zusammenarbeiten. Dazu gehören neben Schulen auch Eltern, Unternehmen und letztendlich auch die Schülerinnen und Schüler (Bröckl-Bergner 2018). Außerdem ist ein anderes Konzept des Lernens zu vermitteln, da sich die Digital Natives in einer agilen Arbeitsstruktur zurechtfinden müssen. Der Arbeitsmarkt ist nicht mehr derselbe, wie er es früher einmal war. Die Digitalisierung vereinfacht zwar Arbeitsprozesse, doch das bedeutet, dass Berufstätige nun schneller auf Veränderung reagieren müssen. Wenn Flexibilität in Schulen nicht gelehrt wird, werden schon Hindernisse gelegt, bevor der Berufseinstieg ansteht oder das Studienfaches gewählt ist (Joho 2018).

Langfristig müssen kostenintensive Investitionen in die komplette Infrastruktur der Schulen getätigt werden. Denn nur, wenn frühkindliche Erziehung in Richtung zeitgemäßer Bildung, genderunabhängiger Weltanschauungen und Berufswahl fernab von traditionellen Rollenbildern stattfindet, kann dauerhaft eine Änderung der gesellschaftlichen Denkweise erreicht und infolgedessen mehr Attraktivität an MINT-Berufen für Frauen geschaffen werden.

Unternehmen müssen sich ebenso auf eine neue Generation an Beschäftigten vorbereiten, die selbstbewusster auftritt und für ihre Überzeugungen steht. Wichtig sind dabei Flexibilität, Transparenz und die Vereinbarkeit von privatem und beruflichem Leben (Bröckl-Bergner 2018). Christina Joho spricht auch davon, dass Unternehmen sich nun mehr an den Bedürfnissen ihrer Mitarbeiter orientieren müssen und nicht anders herum. Agile Arbeitsstrukturen sollen Teilzeitangestellten das gleiche Paket wie Vollzeitkräften bieten, beispielsweise durch Meetings oder Workshops, die vermehrt am Vormittag stattfinden (Joho 2018).

## Fazit und Ausblick

Die Betrachtung der aktuellen Situation anhand von Daten hat gezeigt, dass der Anteil an Frauen in MINT-Berufen stetig, aber verhalten gestiegen ist. Die Ursachen hierfür sind vielfältig und das fehlende Verständnis für MINT-Berufe bleibt ein noch zu lösendes Problem.

Bei der Betrachtung verschiedener Initiativen ist jedoch schnell aufgefallen, dass es längst nicht mehr um die Förderung eines einzelnen Geschlechts geht, sondern um die Chancengleichheit und die genderunabhängige Förderung, für Mädchen und Jungen. Beide sollen gleichermaßen ihre Stärken und Talente erkennen und weiter ausbauen können.

Durch die steigende Nachfrage nach qualifizierten Nachwuchskräften in den MINT-Berufen steigt auch für Frauen die Chance auf eine Anstellung. Gerade viele IT-Unternehmen sind bezüglich Flexibilität, agiler Unternehmensstrukturen und der Vereinbarkeit von Familie und Beruf gut aufgestellt. Eine Anstellung im IT-Bereich bietet Frauen wie Männern daher eine große Chance, neben familiären Verpflichtungen auch dem Job ihrer Wahl nachzugehen.

Gleichzeitig stehen Mädchen und junge Frauen weiterhin vor vielen Herausforderungen bei der Interessensfindung und -förderung, die ihnen bereits in den Schulen begegnen. Ein Großteil der Schulen in Deutschland ist weder infrastrukturell gut aufgestellt, noch können sie ein aktuelles und an die Anforderungen des Arbeitsmarktes angepasstes Curriculum bieten. Dies wurde auch von den befragten Expertinnen angesprochen, bestätigt und bemängelt. Fällt die Förderung seitens der Eltern ebenfalls weg, so ist es nicht ungewöhnlich, dass Mädchen das Interesse an Naturwissenschaften verlieren und ihnen dadurch eine eventuelle spannende berufliche Perspektive verbaut wird. Demzufolge sind Institutionen, die sich dieser Aufgabe gestellt haben, von immenser Bedeutung – nicht nur für das Individuum, sondern für die gesamte Gesellschaft.

Die Behauptung, „Digitalisierung ist weiblich", konnte nur teilweise bestätigt werden. Die MINT- Branche ist, auch mit der Steigerung des Frauenanteils, noch immer eine von Männern dominierte Branche. Auch in neuen digitalen Berufen wie der eines Social Media Managers, sind hauptsächlich Männer in Führungspositionen tätig.

Viele Initiativen leisten ihren Beitrag zur Förderung genderunabhängiger Berufe und Forderungen an die Politik hinsichtlich Bildung und Chancengleichheit. Die wichtigsten Forderungen hinsichtlich der Gewinnung von qualifizierten MINT-Mitarbeitern und -Mitarbeiterinnen sind dabei qualifiziertes Lehrpersonal, die Förderung des Interesses an naturwissenschaftlichen Themen und die Vermittlung digitaler Kompetenzen an Schulen.

Digitalisierung ist nicht weiblich und auch nicht männlich – darin sind sich die Expertinnen sicher. Digitalisierung ist divers.

## Literatur

BMFSFJ. (2017). Büdenbender ist Schirmherrin der Bundesinitiative Klischeefrei. https://www.bmfsfj.de/bmfsfj/aktuelles/presse/pressemitteilungen/buedenbender-ist-schirmherrin-der-bundesinitiative-klischeefrei/120120. Zugegriffen: 11. Juni 2018.

Bröckl-Bergner, K. (2018). aus einem Interview mit Katja Werner vom 12.06.2018.

Brutzki, U. (2016). Arbeit 4.0 ist weiblich! Digitalisierung Gender-gerecht gestalten! *FIfF-Kommunikation* 4/2016: 46–48.

CyberMentor. (2018a). Das Programm. https://www.cybermentor.de/index.php/ueber-cybermentor/ueber-cybermentor/das-programm#0. Zugegriffen: 13. Juni 2018.

CyberMentor. (2018b). CyberMentor – Die Online-MINT-Plattform nur für Mädchen! https://www.cybermentor.de/index.php?jump=0. Zugegriffen: 14. Juni 2018.

CyberMentor. (o. J.). Informationsbroschüre. https://www.cybermentor.de/images/public/startseite/downloads/CyberMentor_Informationsbroschuere.pdf. Zugegriffen: 12. Juni 2018.

Eddy, M. (2012). ‚Something Powerful' for Women in Berlin's Technology Universe. https://www.nytimes.com/2012/10/11/world/europe/something-powerful-for-women-in-berlins-technology-universe.html?pagewanted=1&ref=thefemalefactor. Zugegriffen: 21. Juni 2018.

Hermes, B. (2018). aus einem Interview mit Katja Werner vom 21.06.2018.

Initiative NAT. (2017). Coole Mädchen. Zwischenbilanz im Programm mint:Pink. https://www.initiative-nat.de/uploads/tx_news/Coole_Maedchen_Zwischenbilanz_mintpink_03.pdf. Zugegriffen: 13. Juni 2018.

Initiative NAT. (2018). Engagement für die Gesellschaft. https://www.initiative-nat.de/foerderer/spenden.html. Zugegriffen: 17. Juni 2018.

IW Köln. (2018a). MINT-Frühjahrsreport 2018. MINT – Offenheit, Chancen, Innovationen. https://www.iwkoeln.de/fileadmin/user_upload/Studien/Gutachten/PDF/2018/MINT-Frühjahrsreport_2018neu.pdf. Zugegriffen: 21. Juni 2018.

IW Köln. (2018b). Pressestatement vom 14. Mai 2018 zum MINT-Frühjahrsreport 2018: MINT – Offenheit, Chancen, Innovationen. https://www.iwkoeln.de/fileadmin/user_upload/Studien/Gutachten/PDF/2018/PK-Statement_Plünnecke_MINT_Früh_2018.pdf. Zugegriffen: 3. Juni 2018.

IW Köln. (2018c). Entwicklung des Frauenanteils in Mathematik-, Informatik- und Naturwissenschaftsstudiengängen nach Bundesländern im Zeitraum der Jahre 2008 bis 2013. In Statista. https://de.statista.com/statistik/daten/studie/420001/umfrage/mathematik-informatik-und-naturwissenschaft-frauenanteil-in-min-faechern/. Zugegriffen: 3. Juni 2018.

Joho, C. (2018). aus einem Interview mit Katja Werner vom 29.6.2018.

Kelly Services. (2015). Frauen in MINT-Berufen. Maßnahmen gegen den Fachkräftemangel in Europa in den Bereichen Mathematik, Informatik, Naturwissenschaft und Technik: Warum eine Strategie der Inklusion entscheidend ist. https://www.kellyservices.de/de/siteassets/germany—kelly-services/uploadedfiles/germany_-_kelly_services/new_smart_content/business_resource_center/workforce_trends/report20frauen20in-20mint-berufen.pdf. Zugegriffen: 15. Juni 2018.

Klischeefrei. (2018). FAQ – Frequently Asked Questions. https://www.klischee-frei.de/de/klischeefrei_64211.php. Zugegriffen: 12. Juni 2018.

Klischeefrei im Bundesinstitut für Berufsbildung (BIBB). (2018). Neudenken. Vernetzen. Mitmachen. Initiative für Berufs- und Studienorientierung frei von Geschlechterklischees. https://www.klischee-frei.de/dokumente/pdf/a41_Klischeefrei_Folder_BITV_CLEAN_GM28DNK6.pdf. Zugegriffen: 12. Juni 2018.

Kompetenzzentrum Technik-Diversity-Chancengleichheit e. V. (2016a). Junge Frauen und die Digitalisierung: In Anwendung versiert, in Programmierung noch Luft nach oben. https://kompetenzz.de/Daten-Fakten/Digitalisierung/PM-Frauen-Digitalisierung-D21-Digital-Index-2016. Zugegriffen: 13. Juni 2018.

Kompetenzzentrum Technik-Diversity-Chancengleichheit e. V. (2016b). Zahlen und Fakten rund um den Girls'Day. Prä-Post-Befragung 2016. https://www.girls-day.de/Daten-Fakten/Zahlen-Fakten/Evaluation-und-Statistiken/Prae-Post-Befragung2. Zugegriffen: 7. Juni 2018.

Kompetenzzentrum Technik-Diversity-Chancengleichheit e. V. (2017). Nationaler Pakt für Frauen in MINT-Berufen. *Magazin*. https://mediaserve.kompetenzz.net/filestore/1/9/0/1/9_90e53869e38bd11/19019_c4e7f50bca81a0f.pdf?v=2018-07-04+09%3A57%3A24. Zugegriffen: 11. Juni 2018.

Kompetenzzentrum Technik-Diversity-Chancengleichheit e. V. (2018a). Girls'Day – Ein Zukunftstag für Mädchen. https://www.girls-day.de/Daten-Fakten/Das-ist-der-Girls-Day/Ein-Zukunftstag-fuer-Maedchen/deutsch. Zugegriffen: 17. Juni 2018.

Kompetenzzentrum Technik-Diversity-Chancengleichheit e. V. (2018b). Girls'Day international. https://www.girls-day.de/Daten-Fakten/Das-ist-der-Girls-Day/International. Zugegriffen: 12. Juni 2018.

Kompetenzzentrum Technik- Diversity-Chancengleichheit e. V. (2018c). Jahresbericht 2017. https://mediaserve.kompetenzz.net/filestore/2/0/5/5/6_1472c2f2e498fca/20556_bc1223c4e0fe0d8.pdf?v=2018-06-07+11%3A56%3A03. Zugegriffen: 20. Juni 2018.

Kompetenzzentrum Technik-Diversity-Chancengleichheit e. V. (2018d). Komm, mach MINT. https://www.komm-mach-mint.de/Komm-mach-MINT. Zugegriffen: 11. Juni 2018.

Kompetenzzentrum Technik-Diversity-Chancengleichheit e. V. (2018e). Projektinformation. Für mehr Vielfalt und Chancengerechtigkeit. https://www.girls-day.de/content/download/6299/84568/GD_Projektinformation2018.pdf. Zugegriffen: 14. Juni 2018.

Kompetenzzentrum Technik-Diversity-Chancengleichheit e. V. (2018f). Zahlen und Fakten rund um den Girls'Day. Girls'Day in Zahlen. https://www.girls-day.de/Daten-Fakten/Zahlen-Fakten/Evaluation-und-Statistiken/Girls-Day-in-Zahlen. Zugegriffen: 13. Juni 2018.

Korbik, J. (2013). Unternehmen müssen erkennen, wie wichtig Frauen sind. https://www.theeuropean.de/jessica-erickson/6793-frauen-in-der-berliner-technologie-branche. Zugegriffen: 21. Juni 2018.

Ministerium für Wirtschaft, Arbeit und Wohnungsbau Baden-Württemberg. (2017). Bilanzbericht 2017. Landesinitiative Frauen in MINT-Berufen in Wirtschaft, Wissenschaft und Forschung. https://www.mint-frauen-bw.de/wp-content/uploads/2017/06/MINT_Bilanzbericht-2017_WEB.pdf. Zugegriffen: 13. Juni 2018.

Niemann, K. (6. September 2013). Jung, weiblich und Nerd. *Berliner Morgenpost.* https://static1.squarespace.com/static/52055effe4b0734e32d6816a/t/52417773e4b09847f93f9213/1380022131345/Lange_Nacht_der_Start-ups_1309+copy+%28dragged%29.pdf. Zugegriffen: 21. Juni 2018.

OECD. (2017). Policy brief on the future of work – Going digital: The future of work for women. https://www.oecd.org/employment/Going-Digital-the-Future-of-Work-for-Women.pdf. Zugegriffen: 3. Juni 2018.

Statistisches Bundesamt. (2018). Anzahl der MINT-Studienanfänger* an deutschen Hochschulen nach Geschlecht in den Studienjahren von 2007/2008 bis 2017/2018. In Statista. https://de.statista.com/statistik/daten/studie/28346/umfrage/anzahl-der-mint-studienanfaenger/. Zugegriffen: 12. Juni 2018.

Stühmeier, R. (2018). aus einem Interview mit Katja Werner vom 09.6.2018.

Weusthoff, A. (2018). aus einem Interview mit Katja Werner vom 21.6.2018.

**Katja Werner** hat Internationales Kommunikationsmanagement (B.A.) in Berlin studiert. Ihr Interesse an interkultureller Kommunikation entwickelte sie bereits lange vor ihrem einjährigen Volontariat auf l'Île de la Réunion im Jahr 2014. Parallel zu ihrem Studium sammelte sie bei HealthMedo GmbH ihre ersten praktischen Erfahrungen im Bereich Marketing und Social Media und war danach in der Communications und Public Affairs Abteilung der Wunderflats GmbH tätig. Heute arbeitet sie bei PIABO PR GmbH, einer auf Technologieunternehmen spezialisierte Agentur. Ihre Neugier gilt der Digitalisierung und deren Auswirkungen auf das Leben.

# Frauen gründen gründlicher – und vorsichtiger

## Der „Boys Club" dominiert weltweit die Verteilung des Wagniskapitals und vertut damit ein Riesenpotenzial

Janina Mütze

> **Zusammenfassung**
>
> Frauen gründen seltener Firmen als Männer. Das gilt für Startups sogar noch stärker als für traditionelle Unternehmen. Doch was Ursache und was Wirkung ist, lässt sich kaum eindeutig feststellen. Denn einerseits zeigen weltweite Analysen, das Venture Capital den weißen männlichen Startup-Gründer bevorzugt. So fließen in den USA lediglich zwei Prozent des Risikokapitals in von Frauen initiierte Neugründungen. Andererseits erweisen sich Frauen als weniger risikofreudig und scheuen im Falle des Scheiterns vor einem zweiten Versuch zurück, wie der Female Startup Monitor 2018 nahelegt. Eines aber scheint sicher: der Wirtschaft geht weltweit ein großes Potenzial an Frauen-Power durch die Lappen. Vielleicht hilft Geduld...

Für Melinda Gates ist der Fall klar: etablierte Technologieunternehmen und junge Startups seien ein von Männern dominierter „Boys Club", der eine lange Tradition darin habe, die Hälfte der Bevölkerung – nämlich die Frauen – zu übersehen. Anfang März 2018 skizzierte sie während einer Podiumsdiskussion auf dem „South by Southwest"-Event im texanischen Austin den Regelkreis, der mit überwältigender Mehrheit weiße männliche Gründer ins Geschäft bringe. Danach engagierten sich die männlich dominierten Wagniskapitalgesellschaften

---

J. Mütze (✉)
Civey GmbH, Berlin, Deutschland
E-Mail: janina@civey.com

© Springer Fachmedien Wiesbaden GmbH, ein Teil von Springer Nature 2020
A. Ternès von Hattburg (Hrsg.), *Digitalisierung als Chancengeber*,
https://doi.org/10.1007/978-3-658-26893-0_5

vorwiegend in von Männern gegründeten Startups. Der Erlös aus Verkäufen und Börsengängen werde dann wieder „einfach in das investiert, was man kennt, wie etwa in diese ganzen Jungs, die von Harvard oder Stanford kommen."

Dabei ist sich Melinda Gates sicher, dass diese „schreckliche Geschäftsstrategie" erhebliches Geschäftspotenzial links liegen lasse. „In zehn Jahren werden diese ganzen Jungs realisieren, was sie sich für Deals durch die Lappen haben gehen lassen." Dass es bei entsprechender Förderung mit Wagniskapital künftig viel mehr unternehmerische Erfolgsgeschichten von Frauen geben werde, dafür sorgt die Philanthropin inzwischen selbst. Die von ihr mit geführte „Bill and Melinda Gates Stiftung" – die größte gemeinnützige Stiftung weltweit – hat Anfang 2018 angekündigt, in den kommenden Jahren rund 170 Mio. US$ in Projekte zu investieren, die Frauen weltweit einen besseren Zugang zur Geschäftstätigkeit eröffnen. In Austin kündigte Melinda Gates zusätzlich an, dass sie kürzlich in eine Wagniskapitalgesellschaft investiert habe, die von zwei Frauen gegründet worden ist und die überdurchschnittlich viele Unternehmen mit Frauen oder Angehörigen ethnischer Minderheiten finanziert. So soll nicht nur der Regelkreis im „Boys Club" durchbrochen werden. Dass in allen Gesellschaften der Anteil von Frauen in führenden Managementpositionen zu gering sei, ist nicht nur in den Augen von Melinda Gates ein Skandal der Gesellschaft.

Dabei unterscheiden sich die Zahlen der westlichen Industrieländer kaum voneinander. Während Google oder Facebook in den USA weniger als 30 % Frauen beschäftigen, haben dort im vergangenen Jahr nur zwei Prozent des gesamten Risikokapitals den Weg in von Frauen gegründeten Jungunternehmen gefunden. Das sollen von Frauen geführte Wagniskapitalgesellschaften wie zum Beispiel die 2010 in San Francisco gegründeten Forerunners Ventures ändern. Das Unternehmen hat unter anderem in den Rasiererversender Dollar Shave Club investiert, der 2016 für rund eine Milliarde Dollar vom europäischen Konsumgüterkonzern Unilever übernommen worden ist. Der Exit kommt jetzt weiteren Frauenprojekten zugute.

Dabei soll aber der Männerdomäne nicht eine reine Frauendomäne entgegengestellt werden. Forerunner-Gründerin Kirsten Greene setzt vielmehr auf Diversity. Nachdem die eigene Company zunächst ausschließlich Frauen beschäftigt hatte, habe man schnell festgestellt, dass diese Form der Einseitigkeit ebenso schädlich sei.

## In Deutschland entdecken Frauen das Gründen

Der Durchdringungsgrad an von Frauen geführten Startups ist in Deutschland deutlich höher als in den USA – bei insgesamt klar niedrigerem Niveau an Startups und verbrauchtem Wagniskapital. Klarheit schafft hier der vom Deutschen Startup Verband e. V. initiierte und vom Lehrstuhl für E-Business und E-Entrepreneurship an der Universität Duisburg-Essen (Prof. Dr. Tobias Kollmann) durchgeführte „Female Startup Monitor 2018": Danach sind rund acht Prozent der in Deutschland untersuchten 1823 Startups ausschließlich von Frauen gegründet worden, während immerhin 20 % gemischte Gründerteams aufweisen. Die überwältigende Mehrheit – nämlich 72 % oder beinahe zwei Drittel – ist aber demnach ebenfalls ein reiner „Boys Club". Und auch in den Mixed-Teams überwiegen die Männer anteilsmäßig mit drei Fünfteln.

Dennoch steigt der Anteil der Startup-Gründerinnen seit 2014 stetig an und lag 2017 bereits bei knapp 15 %. Das erklärt auch, warum von Frauen geführte Startups im Durchschnitt ein Jahr jünger sind als ihre männlich geführten Pendants. Frauen haben einfach später das Gründen für sich entdeckt oder scheiterten bislang häufiger an der Wagniskapitalhürde.

Ihr Anteil ist allerdings auch dann vergleichsweise gering, legt man das allgemeine Gründungsverhalten hierzulande zugrunde. Nach dem KfW-Gründungsmonitor 2017 wurden im vergangenen Jahr immerhin 40 % der Neuunternehmen von Frauen initiiert. Agenturen, Beratungshäuser, Kanzleien und Dienstleistungsunternehmen haben bei Frauen also nach wie vor einen höheren Aufmerksamkeitswert als hochinnovative Startups der Digitalwirtschaft.

Einer der Gründe liegt im deutlich geringeren Anteil an Mädchen, die in der Schule die sogenannten MINT-Fächer – Mathematik, Informatik, Naturwissenschaft und Technik – belegen. Aber auch unter den Startup-Gründerinnen selbst ist der Anteil an MINT-Absolventinnen gering. Sie haben eher soziale oder kreative Fächer belegt und ziehen aus diesen Erfahrungen die Geschäftsmodelle für eine Sharing Community.

Dabei ist durchaus der Schluss erlaubt, dass diese Ausbildung zu deutlich mehr Bodenhaftung bei Gründungsplänen führt. Der Female Startup Monitor 2018 hat dazu ein paar markante Thesen herausgearbeitet:

- Frauen priorisieren die Profitabilität, Männer das Unternehmenswachstum und die Position zum Wettbewerb.
- Frauen planen seltener mit Kapitalaufnahmen und finanzieren sich seltener durch Business-Angel oder Venture-Capital-Gesellschaften.

- Frauen gründen häufiger im Bereich E-Commerce oder Bildung, Männer häufiger im IT- oder Software-Bereich.
- Frauen sehen sich häufiger als Imitatoren, während Männer sich öfter als Innovatoren wahrnehmen.
- Frauenteams schätzen den Einfluss der Digitalisierung auf ihr Geschäftsmodell geringer ein.
- Frauen priorisieren Marketing-Kooperationen, Männer streben F&E-Kooperationen an.
- Frauen beabsichtigen durch Kooperationen häufiger eine Imagesteigerung, während Männer eher auf den Bezug von Technologiewissen abzielen.

## Frauen gründen häufiger alleine

Die unterschiedliche Affinität zu Technologien und Kooperationskonzepten setzt sich auch bei der Wahl der Zielbranchen, in denen die Startups Kunden und Lösungen suchen, fort. So zielen Frauen eher auf den eCommerce und den Bildungssektor, während von Männern gegründete Startups ihren Fokus auf Informationstechnik und Software-Entwicklung rund um Cloud Computing und das Internet of Things legen. Das könnte einer der Gründe sein, warum Frauen Sologründungen bevorzugen, während Männer überwiegend im Team gründen. Allerdings liefert beides keinen Hinweis auf den Zufriedenheitsgrad. Denn sowohl die stärker einzelgängerisch veranlagten Frauen als auch die teamorientierten Männer sehen ihr Leben als „glücklich" oder „sehr glücklich" an.

Tatsächlich legt der KfW-Gründungsmonitor 2017 auch eine andere Erklärung für die von Frauen bevorzugten Sologründungen nahe. Danach zielen weibliche Gründerinnen zum einen von Anfang an auf kleinere Unternehmen – sie präferieren Profitabilität gegenüber Wachstum. Zum anderen aber erfolgen viele Gründungen sozusagen im Nebenberuf, während eine Teilzeitbeschäftigung noch fortbesteht. Frauen springen also nicht „ins kalte Wasser", sondern probieren für sich aus, ob die Selbstständigkeit eine persönliche Perspektive enthält. Dafür spricht auch, dass Frauen typischerweise ihre akademische Laufbahn abschließen, ehe sie sich für das Gründungsgeschehen interessieren. Bei Männern besteht dabei mehr Risikobereitschaft, die sich auch darin zeigt, dass sie eher bereit sind, das Studium zugunsten einer Firmengründung abzubrechen. Umgekehrt zögern Frauen im Falle eines Scheiterns, es erneut mit der Selbstständigkeit zu probieren. Unter den männlichen Gründern ist dagegen der Anteil der Mehrfachgründer hoch.

## Alles eine Frage der Geduld?

Der Female Startup Monitor 2018 unterstreicht damit die Einschätzung von Melinda Gates, dass fehlendes Venture Capital ein hohes Potenzial an von Frauen motivierten Startups verhindert. Auch hierzulande ist das Geschehen rund um Wagniskapital männlich dominiert – und auch in Deutschland gehen die Mittel zur Gründung eher an weiße Männer. Allerdings ist nicht eindeutig zu erkennen, was Ursache und was Wirkung ist. Denn Frauen nutzen bevorzugt eigenes Erspartes oder Bankdarlehen und planen auch nach der Gründung seltener, mit einer weiteren externen Kapitalaufnahme das Geschäft zu erweitern.

Wie groß das Potenzial ist, das durch den geringen Anteil von Frauen am Gründungsgeschehen vergeudet wird, legt möglicherweise eine Studie des Bonner Verhaltensökonomen Prof. Dr. Armin Falk nahe. Der Direktor des Behaviour and Inequality Institute hat jetzt eine umfassende Studie im „Quarterly Journal of Economics", einer der angesehensten ökonomischen Fachzeitschriften der Welt, zur Diskussion gestellt. Ihr liegt die Befragung von 80.000 Menschen in 79 Ländern zugrunde. Danach sind Eigenschaften wie die menschliche Geduld für Kapitalbildung, Prosperität und Investitionen mitverantwortlich. Sie steht nicht nur stark mit den aktuellen Pro-Kopf-Einkommen in den untersuchten Ländern in Beziehung. Sie zeigt auch einen eindeutigen Zusammenhang mit deren Wachstumsraten in den vergangenen 200 Jahren. Auch innerhalb der Gesellschaften gebe es einen klaren Zusammenhang zwischen Geduld und Einkommen. Regionen mit geduldigeren Menschen verfügen über mehr Wohlstand als andere. „Je geduldiger die Menschen sind und je mehr sie sparen, desto mehr investieren sie in Sachkapital und Bildung – und umso produktiver und reicher sind sie", sagt Falk.

Brauchen wir Frauen also einfach nur noch mehr Geduld? Wieder einmal? Mag sein. Bei der Eigenschaft „Risikobereitschaft" jedenfalls – auch das ist eine Erkenntnis aus der Falk-Studie, deren von Gallup ermittelte Daten für die Öffentlichkeit und zu weiteren Forschungen zur Verfügung gestellt werden sollen – besteht nicht dieser eindeutige Zusammenhang zwischen Profil und Profit.

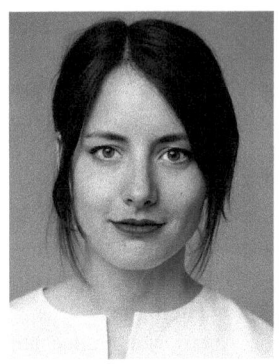

**Janina Mütze** ist Gründerin und Geschäftsführerin von Civey. Das 2015 gegründete Technologie-Unternehmen aus Berlin setzt auf digitale Markt- und Meinungsforschung. Vor Gründung des Unternehmens, hat die studierte Volkswirtin die Interessen der Venture Capital- und Private Equity-Investoren im politischen Berlin zuletzt als Referentin der Geschäftsführung vertreten. Heute engagiert sie sich als Vorstandsmitglied im Bundesverband Deutscher Startups e. V. und dem angeschlossenen Startup-Unternehmerinnen-Netzwerk. Dieses Engagement spiegelt sich auch in Civeys Unternehmenskultur wieder. Vom deutschsprachigen Forbes Magazine wurde sie als 30under30 nominiert.

# Teil II
# Expertinnen berichten

# Digitalisierung bringt uns einander näher

Carol Wildhagen

**Zusammenfassung**

Als Ärztin und Mitgründerin der Ariana Digital Health Solutions GmbH glaubt Dr. Wildhagen leidenschaftlich an den positiven Einfluss der Digitalisierung auf das Gesundheitswesen. Mit Ariana, einem auf künstlicher Intelligenz und Verhaltenspsychologie basierenden Chatbot, „klont" sich Dr. Wildhagen, um weltweit Patienten zu mehr Gesundheit durch persönliche Betreuung zu verhelfen. Durch ihre Eltern, beide Wissenschaftler die unter anderem am CERN (Abb. 1) arbeiteten, gehörte der Computer schon in den 80er Jahren zu Hause zum Inventar und Dr. Wildhagen wurde gemeinsam mit dem Internet erwachsen. Sie sieht die Zukunft der Digitalisierung mit einem kritischen Auge aber auch mit Optimismus. Ihrer Meinung nach wird die Digitalisierung unser Leben einfacher machen, wodurch wiederum mehr Raum für persönliche und berufliche Beziehungen entstehen wird.

*Persönliches*

- Deutsche Nationalität, Herkunft aus Deutschland (Vater) und USA (Mutter)
- Mutter einer Tochter
- Freizeitinteressen: mit meiner Tochter die Welt entdecken, in den Tag bummeln, Yoga, seichte Bücher, gutes Essen, schlechte Witze, wilde Freunde und laute Musik
- Kontakt: carol@hiariana.com

C. Wildhagen (✉)
Ariana Digital Health Solutions GmbH, München, Deutschland
E-Mail: carol@hiariana.com

© Springer Fachmedien Wiesbaden GmbH, ein Teil von Springer Nature 2020
A. Ternès von Hattburg (Hrsg.), *Digitalisierung als Chancengeber*,
https://doi.org/10.1007/978-3-658-26893-0_6

*Das Unternehmen*

- Ariana Digital Solutions GmbH
- Gegründet: 2017
- Anzahl Mitarbeiter: 10, davon 4 in IT-bezogenen Berufen

**Was ist Ihr wichtigstes persönliches digitales Tool, das Sie nicht mehr missen möchten?**

Was ich am meisten verwende und was mein Leben am meisten positiv beeinflusst hat, sind Messenger Apps in jeder Form. Ich bin viel auf Geschäftsreisen unterwegs und unsere Kunden sind über verschiedene Standorte verteilt. Privat ist für mich ist die Nummer Eins WhatsApp, weil das mir die Möglichkeit gibt in Echtzeit in Kontakt zu bleiben und nicht nur Nachrichten auszutauschen, sondern auch Bilder, Videos, und so weiter. Also alles, was die Kommunikation

**Abb. 1** Dr. Wildhagen am CERN. (Quelle: Persönliches Archiv)

bereichert. Ich habe eine kleine Tochter und gerade in der Kommunikation mit meinen Eltern macht Whatsapp einen großen Unterschied. Ich weiß noch genau, wie meine Mutter mir erzählt hat, „Als ich in deinem Alter war, hat meine Mutter in den USA gelebt und ich in München. Und wenn ich mit ihr sprechen wollte, musste ich auf die Post gehen, eine Amtsleitung bestellen, ewig warten, es hat wahnsinnig viel Geld gekostet und ich konnte vielleicht einmal im Monat fünf Minuten mit ihr sprechen. Und jetzt, wenn ich sehen will, wie meine Enkeltochter wächst, kann ich mir sofort Fotos und Videos anschauen". Ich finde, damit hat sie extrem recht. Das Wichtige an diesen Apps ist, dass sie das menschliche Grundbedürfnis nach Beziehungen beantworten. Und zwar unabhängig davon, ob das beruflich oder privat ist. Oder ob am anderen Ende ein Mensch sitzt oder ein Chatbot, wie unsere Ariana. Ich glaube, dass es das ist, was wir als Menschen alle wollen – kommunizieren und in Verbindung stehen.

**Wie zeigt sich Digitalisierung in Ihrem a) persönlichen und b) beruflichen Alltag?**
Privat benutze ich viele digitale Tools ohne es wirklich zu bemerken. Online-Banking ist viel leichter als ein Papier Formular auszufüllen. Auch wenn es manchmal nervt, in der Filiale kaum noch Service zu bekommen. Als Mutter kaufe ich inzwischen relativ viel online ein. Ich habe leider nicht die Zeit bummeln zu gehen, obwohl mir das schon fehlt. Es ist selbstverständlich geworden, die meisten Dinge des täglichen Lebens online abzuwickeln.

Beruflich ist für mich die Welt viel kleiner geworden. Auch weil unsere Firma Ariana total digital ist – sowohl wie wir als Team funktionieren als auch was wir für unsere Kunde machen. Wir befassen uns jeden Tag damit, wie man Menschen am besten digital erreichen kann, um ihnen das Leben und auch die Gesundheit zu vereinfachen.

Papier brauchen wir kaum noch. Messenger Apps, Video Telefonie und Cloud Sharing helfen uns, das Team über verschieden Standorte hinweg zu organisieren.

Ich sehe in unserer Arbeit aber auch, dass für große Firmen das Thema Digitalisierung nicht immer einfach ist. Es geht um die Frage, welchen strategischen Zweck Digitalisierung erfüllen soll und wie man das in einen analogen Milliardenkonzern in die Prozesse bringen kann. Da erlebe ich die Digitalisierung eher noch als Herausforderung. Wir müssen Aufklärungsarbeit leisten und den Mehrwert in Euro und Cent darstellen. Und natürlich müssen wir Ängste rund um den Datenschutz abbauen. Wenn das gelingt, öffnen sich meistens viele Türen.

**Was war Ihr wichtigstes persönliches oder berufliches Erlebnis zum Thema Digitalisierung?**

Als Ärztin war ich nach einigen Jahren in der Patientenversorgung frustriert. Man muss nah an jemandem dran sein, gerade wenn es um Verhaltensänderung oder chronische Erkrankungen geht. Man muss an seinem Alltag teilnehmen, man muss eine persönliche Beziehung mit ihm haben um Veränderungen, positive Veränderung, herbeizuführen. Aber es gibt mich nicht oft genug, um einer ausreichend großen Zahl von Leuten zu helfen.

Ich bin dann aus der Klinik raus und habe mir die verschiedensten Dinge angeschaut, um zu verstehen, ob es irgendjemand besser macht – auf Systemen Ebene, als ich beim World Economic Forum mitgearbeitet habe, und in der Unternehmensberatung bei der Boston Consulting Group in Projekten für Pharmafirmen und Krankenkassen. Aber das Problem, Leute wirklich zu erreichen, konnte ich nicht lösen.

Und dann kam die Gründungsstunde unserer Firma. Ein Freund kam auf mich zu und erzählte mir von künstlicher Intelligenz und Chatbots. In dem Moment wurde mir klar, dass es das ist, worauf ich mein Leben lang gewartet habe. Jetzt

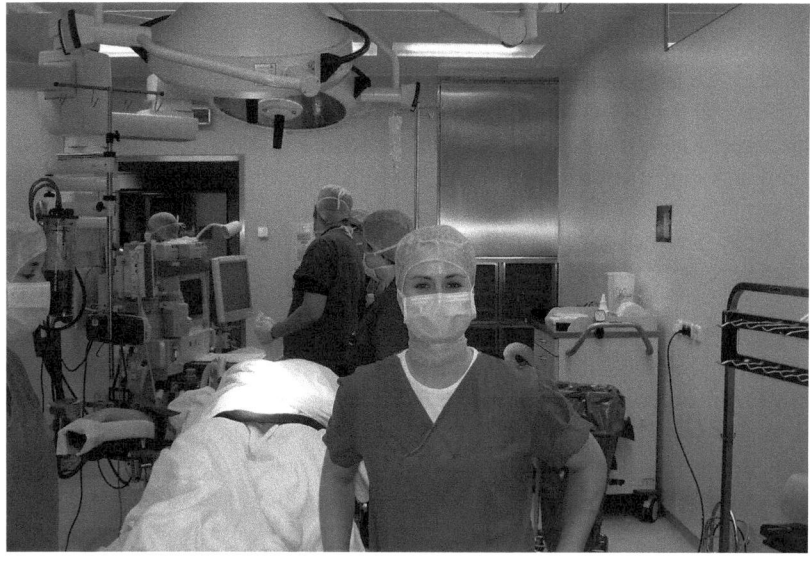

**Abb. 2** Dr. Wildhagen im Krankenhaus. (Quelle: Persönliches Archiv)

kann ich mich klonen, jetzt kann ich im Prinzip sieben Milliarden Menschen erreichen. Das war so ein starker Moment, diese Erkenntnis hat mein Leben verändert.

Dabei geht es nicht darum, den Arzt zu ersetzen. Aber Digitalisierung kann Zeit für die Dinge, die menschliche Kernkompetenzen sind, freimachen. Viele andere Dinge kann auch künstliche Intelligenz erledigen. So bekomme ich als Ärztin wieder mehr Zeit, tatsächlich mit meinen Patienten zu sprechen (Abb. 2).

**Wie würden Sie Ihren persönlichen Start in die Welt der Digitalisierung beschreiben?**
Ich weiß noch ganz genau, als ich zum ersten Mal eine E-Mail-Adresse hatte. Da war ich noch in der Schule, ist also lange her, in den 90er Jahren des letzten Jahrhunderts. Vielleicht war ich 15 Jahre alt oder sogar etwas jünger. Ich war auf dem Oktoberfest und Yahoo hat Flyer in Form von Lebkuchenherzen ausgegeben. Damit konnte man sich für ein kostenloses E-Mail Account anmelden. Ich wusste überhaupt nicht, was das sein sollte.

Die Person, die ich dazu gefragt habe, war meine Mutter. Sie ist Programmiererin, also Entwicklerin, und hat zu der Zeit im Bereich Grundlagenforschung Physik gearbeitet unter anderem auch am CERN. Mehr oder weniger war das ja eine der Wiegen des Internets. Meine Mutter konnte mir deshalb schon vor 25 Jahren erzählen, was eine E-Mail ist. Ich fand das faszinierend und meldete mich an. Dann passierten zwei Dinge. Erstens, niemand anders hatte eine E-Mail-Adresse. Ich konnte niemandem schreiben.

Wegen dieser E-Mail-Adresse setzte ich mich zum ersten Mal wirklich an einen Computer. Und ich begann das Internet zu erforschen. Das war damals noch die Zeit des analogen Modems. Es machte interessante Geräusche und dauerte ewig, bis man eingewählt war. Aber trotzdem war damals schon klar, dass eine neue Zeit anbricht. Das war eines der ersten Erlebnisse, wo ich dachte: „Hey, da öffnet sich eine komplett neue Welt."

**Was haben Sie selbst in Ihrem Unternehmen an Digitalisierung erreicht?**
Wir stellen ein digitales Produkt her und damit haben wir in der Digitalisierung schon den nächsten Schritt gemacht. Ariana funktioniert rein über Chat. Das bedeutet, wir programmieren keine Apps mehr. Man muss sich gar nichts mehr runterladen, sondern kann direkt über Messenger mit unserer künstlichen Intelligenz chatten. Ariana ist dann ein WhatsApp-Kontakt wie jeder andere. Nur, dass kein Mensch dahintersteckt, sondern Code.

**Abb. 3** Teil des Ariana Teams. (Quelle: Archiv der Firma)

Auch sonst ist und funktioniert unsere Firma komplett digital. Analog sind bei uns nur noch unsere schlechten Witze und das gemeinsame Mittagessen. Die Firma ist über mehrere Standorte verteilt, wir arbeiten vor allem in München und in Berlin (Abb. 3). Aber einige unserer Entwickler sitzen auch in Novosibirsk oder in Südosteuropa. Das bedeutet, wir kollaborieren über Tools wie Slack oder Google Hangouts. Für unsere gesamte Unternehmensführung, unsere Dokumente und unser Accounting nutzen wir Saas Angebote. Alles ist in der Cloud. Wohlgemerkt sicher verschlüsselt, auf Deutschen Servern und DSGVO-konform.

**Was haben Sie sich für die nächsten Jahre in Sachen Digitalisierung vorgenommen bzw. wo soll Ihre digitale Reise hingehen?**
Wir wollen auf dem Pfad, auf dem wir sind, weiterwachsen. Die Digitalisierung, die bei uns in der Firma stattgefunden hat, wollen wir noch stärker nach außen tragen. Damit jeder, der mit unserem Produkt in Berührung kommt, das so erleben kann. Wir werden noch stärker in die Cloud gehen. Das bedeutet, dass wir unseren gesamten Service über eine Plattform zentrieren und unseren Kunden die

Möglichkeit geben, dort ihre Programme zu erstellen und zu managen. Kunden sind dann sowohl Partner im Gesundheitssektor als auch, wenn unser Netzwerk groß genug ist, direkte Endnutzer auf Patientenseite.

**Wie beurteilen Sie die Relevanz der Digitalisierung für Gesellschaft, Wirtschaft und Politik: a) Wie wird Digitalisierung Ihrer Meinung nach in 25 Jahren Gesellschaft, Wirtschaft und Politik prägen? b) Wie stehen Sie persönlich dazu und was wünschen Sie sich dafür?**
Solange Produkte und Dienstleistungen entstehen, die nützlich sind, werden Menschen diese nutzen wollen. Dann stellt sich nur noch die Frage, welche Auswirkungen das haben wird.

Traditionelle Konzerne werden sich sowohl auf die Disruption durch digitale Trends als auch die Erwartungen ihrer Endkunden einstellen müssen. Nutzer hingegen sollten mündiger und kritischer werden und ihre Daten als Währung begreifen.

In der Politik kann man jetzt entweder proaktiv oder reaktiv sein. Ich würde mir wünschen, dass die Politik positiv und proaktiv auf die Digitalisierung reagiert. Natürlich bedeutet das, die Risiken im Auge zu behalten, und sich auch mit schwierigen Themen auseinandersetzen. Welche Jobs wird es noch geben, welche wird es nicht mehr geben, welche neuen Jobs kommen dazu? Angst und Protektionismus ist in meinen Augen ein schlechter Ratgeber. Ich glaube, es sollte um Aufklärung, Vertrauensbildung und das Schaffen von Leitplanken gehen. Technologische Veränderungen auf globalem Niveau werden in Zukunft schneller auftreten. Feste Regeln dafür zu schaffen, halte ich für utopisch.

Gerade weil wir auf dem Thema künstliche Intelligenz täglich arbeiten, glaube ich, dass Digitalisierung, künstliche Intelligenz und Automatisierung die Menschen näher zusammenbringen und ihnen wieder mehr Zeit für die schönen Dinge des Lebens zurückgeben können. Wir sind alle ähnlich gestrickt und haben die gleichen sozialen Grundbedürfnisse nach starken Beziehungen und einem einfachen Leben in einer übersichtlichen Welt. Auch wenn es im Moment nicht so scheint und gefühlt jeder hinter seinem Smartphone verschwindet, sehe ich diese Trends auch jetzt schon. Groß wird, was, wie Uber oder AirBnB, das Leben einfacher, schöner und besser macht. Oder uns in einem Netzwerk verortet, uns eine Identität gibt und unsere Beziehungen stärkt, wie Instagram oder WhatsApp. Der natürliche nächste Schritt ist für mich der Schritt zurück in die analoge Welt. Das sieht man auch jetzt schon, wenn zum Beispiel Dating Apps wie Bumble Spieleabende organisieren, AirBnB Erlebnispakete anbietet oder digitale Gesundheitscoaches wie Ariana Patienten zum Spaziergang im Park animieren.

**Dr. Carol Wildhagen** ist CEO und Mitgründerin von Ariana Digital Health Solutions GmbH. Nach Medizinstudium und zwei Jahren Ausbildung zur Chirurgin wechselte Dr. Wildhagen als Unternehmensberaterin zur Boston Consulting Group mit Fokus auf Gesundheit, Gesundheitswesen und internationale bzw. Nichtregierungsorganisationen.

Sie will uns allen helfen, gesund zu werden, und gesund zu bleiben. Weil sie sich als Ärztin nicht klonen kann, um mehr Menschen zu helfen, gründete sie 2016 ihre Firma. Das Unternehmen entwickelt Konversationslösungen im Bereich Digital Health. Mit Ariana, einem auf KI basierenden Chatbot, bekommt jeder Patient die persönliche Unterstützung, die er braucht.

# Wie ich lernte den Weißen Hai zu lieben

## Wie man Skepsis in Faszination und Bewunderung verwandelt

### Caroline Dabels

**Zusammenfassung**

Eine Reise durch das Leben von Caroline Dabels, CMO und Mitgründerin der AmbiGate GmbH, ein Software Startup aus Tübingen. Eine Frau erzählt ihre Geschichte, wie sie unerwartet in der digitalen Branche landet, umgeben von Algorithmen und 3-D-Sensorik, obwohl sie zwischen ihrem Intel 386 im Jahre 1997 und dem Smartphone in 2012 nicht viel mit Technik am Hut hatte. Eine Geschichte, wie aus Unwissenheit Neugier, Faszination und sogar Passion werden kann. Eine Geschichte, in der ein mächtiger Meeresbewohner zum Symbol wird. Zum Symbol, wie Skepsis und sogar Furcht durch Selbstvertrauen und Erforschung des Unbekannten, in Interesse und Respekt verwandelt werden können. Eine Geschichte mit der Erkenntnis, als Quereinsteiger erfolgreich sein zu können, soll anderen Mut machen ihren Interessen zu folgen und sich nicht einschüchtern zu lassen.

*Persönliches*

- Geborene Freiburgerin
- Leidenschaftliche Unternehmerin, Taucherin und frisch gebackene Mutter.

---

C. Dabels (✉)
AmbiGate GmbH, Tübingen, Deutschland
E-Mail: c.dabels@ambigate.com

© Springer Fachmedien Wiesbaden GmbH, ein Teil von Springer Nature 2020
A. Ternès von Hattburg (Hrsg.), *Digitalisierung als Chancengeber*,
https://doi.org/10.1007/978-3-658-26893-0_7

*Das Unternehmen*

- AmbiGate GmbH, www.ambigate.com
- Gegründet: 20. August 2015
- 15 Mitarbeiter, davon 10 in IT-bezogenen Bereichen (Softwarearchitekten, Web-/App-Entwicklung, Game Entwicklung und Design, Datenbankentwicklung und IT Security)

**Was ist Ihr wichtigstes persönliches digitales Tool, das Sie nicht mehr missen möchten?**

Als Unternehmerin habe ich fast täglich Termine und Meetings – Ort und Zeit variieren. Ich muss flexibel sein und kurzfristige Deadlines einhalten können.

Eine Sache ist hierbei unabkömmlich: Organisation. Ich habe sicher viele Begabungen, aber Selbstorganisation wurde mir nicht in die Wiege gelegt. Eine wahrlich große Herausforderung für mich! Daher ist für mich ein digitales Projektmanagement Tool für Computer und Smartphone nicht mehr aus meinem Alltag wegzudenken. Es hilft mir, Ordnung und Übersicht in mein bewegtes Leben zu bringen (Abb. 1). Von To Do's über Gantt, Kanban und Chatfunktion enthält es alles, was ich brauche, um effektiv arbeiten zu können. Früher habe ich ganz analog mit Taschenkalendern und Notizblöcken gearbeitet. Digital funktioniert das schneller und ohne Verluste von wichtigen Informationen.

**Learning**

Vergessen schwer gemacht: Den Alltag genießen, ohne die Befürchtung, wichtige Termine zu verpassen. Organisation kann jeder, man braucht nur die passenden Tools dafür.

**Wie zeigt sich Digitalisierung in Ihrem a) persönlichen und b) beruflichen Alltag?**

a) Mein Smartphone und eine Vielzahl an Apps sind meine ständigen Begleiter im Alltag. Neben grundlegenden Apps zur einfachen Organisation von Terminen, Einkäufen und Reisen haben sich zwei Themengebiete herauskristallisiert, die für mich besonders wichtig sind: Kunst und Kommunikation. Fotografieren ist meine Leidenschaft. Daher liebe ich Instagram. Die Kunst von anderen inspiriert mich und schenkt mir neue Sichtweisen auf die Welt. Bilder sagen oftmals mehr als Worte und regen mich zum Nachdenken an. Außerdem habe ich die Chance, meine eigenen Fähigkeiten zu testen. Ich finde es toll, dass zu Zeiten von sozialen Netzwerken auch Hobbyfotografen

**Abb. 1** Selbstorganisation am Schreibtisch. (Quelle: AmbiGate)

die Möglichkeit erhalten, ihre Bilder zu zeigen und eventuell sogar ganz oben mitzuspielen.

Kommunikation in Echtzeit und über Distanzen hinweg, z. B. per WhatsApp oder Slack, ist für mich ein absoluter Zugewinn. Sich jederzeit mit Freunden und Familie auf der ganzen Welt austauschen zu können, lässt Entfernungen weniger weit erscheinen. Erste Verabredungen in den USA, Sonnenuntergänge in Costa Rica und Tapas in Spanien kommen so direkt in mein Wohnzimmer.

b) Digitalisierung im Beruf? Ein ungeahnter Türöffner. Was früher noch viel Geld kostete, ist heute nahezu umsonst. Als Startup-Unternehmen achten wir akribisch auf unsere finanziellen Mittel. Da wir Software herstellen, fließt ein großer Teil des Budgets in die Entwicklung. Von mir als Marketingchefin ist daher besondere Kreativität gefordert. Das Ziel: Low Budget aber High Quality. Soziale Netzwerke ermöglichen uns, den Bekanntheitsgrad des Unternehmens flächendeckend zu erhöhen. Wir haben Accounts bei Facebook, Instagram und Twitter und planen einen YouTube Kanal, um unser Produkt anschaulich zu präsentieren. Mit ein wenig Know-how und ein bisschen Fleiß kann man heutzutage auch ohne viel Geld eine anschauliche Website oder einen lesenswerten Newsletter erstellen und damit intern sowie extern schneller und direkter kommunizieren. Es ist eine fantastische Zeit um zu gründen! Jedes Unternehmen muss agil sein, um schnell auf Veränderungen am Markt reagieren zu können. Für Startups hat dies jedoch einen besonders hohen Stellenwert. Dafür ist nicht nur die Kommunikation unter den Gründern und Mitarbeitern, sondern auch das Messen des Erfolges unerlässlich. Wir haben einige Plattformen ausprobiert, bis wir uns für Bitrix24 entschieden haben. Es beinhaltet alle für uns relevanten Funktionen, ermöglicht einen effizienten Austausch und gewährleistet die Übersicht über das große Ganze. Das spart viel Zeit und Stress.

> **Learning**
>
> Ein für alle Bereiche passendes Projektplanungstool zu finden kann viel Zeit in Anspruch nehmen. Gut investierte Zeit! Denn Wege werden kürzer und einfache Fehler können vermieden werden.

**Was war Ihr wichtigstes persönliches oder berufliches Erlebnis zum Thema Digitalisierung?**

Das Startup-Leben ist aufregend – das ist kein Geheimnis. Wie es sich tatsächlich anfühlt, weiß man vermutlich erst, wenn man mittendrin steckt. Mein persönliches Highlight war das Gründerfrühstück, das im Jahr 2018 im Rahmen der neuen Digitalisierungsstrategie der Landesregierung Baden-Württemberg in Stuttgart stattfand. Mit Ministerpräsident Winfried Kretschmann tauschte ich mich auf der Bühne in einem regen Dialog über das Startup-Leben aus (Abb. 2). Entgegen meiner Erwartung an eine typisch politische Debatte, wurden mir erfreulicherweise Verständnis, Bewunderung, Respekt und Interesse an meiner Arbeit entgegengebracht. Eine Diskussion auf Augenhöhe und das Gefühl, dass unsere Wünsche und Erfahrungen tatsächlich auf offene Ohren stoßen, haben mich beeindruckt. Dieses Interesse der Politik an zukünftigen Innovationen wünsche ich mir auch weiterhin. Eine tolle Erfahrung.

> **Learning**
>
> Digitalisierung und Innovation geht über Hierarchien hinaus. Sie bringt Politiker und Interessensvertreter an einen Tisch. In die Diskussion zu gehen, bringt uns voran.

**Abb. 2** Caroline Dabels beim Gründerfrühstück mit Winfried Kretschmann. (Quelle: Michael M. Roth; micialmedia.de)

**Wie würden Sie Ihren persönlichen Start in die Welt der Digitalisierung beschreiben?**
Besonders technikaffin war ich in meiner Jugend nie. Aber die Vorteile, die durch sie entstehen, habe ich schon immer faszinierend gefunden. Als Star Trek-Fan war ich von virtuellen Welten in 3D begeistert. Nicht mal ansatzweise hätte ich mir damals aber ausmalen können, was einige Jahre später mithilfe einer VR Brille möglich sein würde. Als Kind besaß ich weder Gameboy noch Spielekonsole, ich war meistens mit Freunden draußen im Wald oder in der Nachbarschaft unterwegs. Mit 14 bekam ich den alten Computer meiner Eltern.

Einen Intel 386. Er hatte sagenhafte 16 MHz und Spiele wie Minesweeper, Solitär und Tetris. Im Alter von 17 Jahren nutzte ich dann ab und zu bei Freunden Spielekonsolen und „zockte" Snowboard- oder Autospiele. Erst mit 20 habe ich meine erste E-Mail Adresse eingerichtet mit dem Namen „Noidea83@..." und erste Interneterfahrungen gesammelt. Meine Unerfahrenheit auf dem Gebiet der Informatik führte in Schul- und Studienzeiten, bei mir zu einer ziemlichen Überforderung. Ich stand regelrecht auf Kriegsfuß mit der Technik und hatte das Gefühl, sobald ich ein technisches Gerät nur ansah, bekam es eine Fehlfunktion. Auch mein EDV-Dozent an der Uni war über das Eigenleben meines Rechners erstaunt. Mit meinem ersten Smartphone, da war ich dann schon 27, wurde mir bewusst, wie rasant sich die Digitalisierung weiterentwickelt hatte und meine Skepsis wurde zu Interesse und schließlich zu Begeisterung.

Bei meinem größten Hobby, dem Tauchen, ging es mir ähnlich: Vor ein paar Jahren war es noch unvorstellbar für mich in die Tiefen des Ozeans abzutauchen, denn meine größte Angst war der Weiße Hai. Seit ich als Kind ins Wohnzimmer platzte als der Weiße Hai auf unserem Röhrenfernseher aus der Tiefe auf ein Boot krachte und einen Mann verschlang, dachte ich beim Schwimmen an nichts anderes. Tauchen? Im Meer? Undenkbar – viel zu groß war die Furcht vor dem Ungewissen aus der Tiefe. Bis ich es auf Kuba das erste Mal wagte. Die Neugier hatte einfach gesiegt. Anschließend begann ich Hai Fotografen und Aktivisten auf Instagram zu folgen um mich der Angst zu stellen und aus Neugier wurde Faszination. Das erste Mal tauchte ich mit Haien in Costa Rica (Abb. 3). Es war beeindruckend und befreiend.

Genauso ist es mir mit dem Sprung in die digitale Welt ergangen. Zunächst skeptisch, habe ich sie schließlich sogar zu meinem Beruf gemacht. Die Neugier und das Interesse waren größer als die Furcht vor dem Ungewissen. Die Möglichkeit zu gründen wollte ich mir nicht entgehen lassen, nur weil sie mit Technik zu tun hatte. Mit den richtigen Menschen an meiner Seite, Begeisterung für die Sache und dem Vertrauen in meine eigenen Stärken und Fähigkeiten, habe ich es gewagt und wurde belohnt (Abb. 4). Eine der spannendsten Zeiten meines Lebens.

> **Learning**
> Ein erfolgreicher Quereinstieg? Nur Mut! Ich habe nicht Informatik studiert und dennoch ein digitales Unternehmen mitgegründet. Ich möchte jeden mit einem guten Konzept und Begeisterung für sein Thema, ermutigen, es ungeachtet seiner Ausbildung, zu wagen. Es lohnt sich.

**Abb. 3** Caroline Dabels beim Tauchen mit Haien in Costa Rica. (Quelle: Caroline_ Dabels)

**Was haben Sie in Ihrem Unternehmen an Digitalisierung erreicht?**
Unser Unternehmen AmbiGate agiert auf dem digitalen Gesundheitsmarkt. Mit dem AmbiCoach verbinden wir analoges Bewegungstraining mit digitaler Echtzeitanalyse. Wie wir das machen? Ein virtueller Trainer macht dem Anwender auf einem Bildschirm Übungen vor. Über eine 3-D-Kamera wird in Echtzeit erkannt, ob der Trainierende die Übungen korrekt ausführt (Abb. 5). Wir ermöglichen dem Nutzer mit unserem Produkt, in eine virtuelle Welt einzutauchen. Effektive Bewegungstherapie wird durch Gamification zum Abenteuer. Ein völlig neues Trainingserlebnis. Angewandt wird die Software in der betrieblichen Gesundheitsförderung, der Reha, Physiotherapie und Prävention. Wir bieten den Nutzern eine unkomplizierte, interessante und nachhaltige Alternative zu bisherigen Trainingskonzepten. In die Software kann jede Art von Bewegungsmuster eingespeist werden, um daraufhin für eine Echtzeitanalyse der Bewegungsaus-

**Abb. 4** Mit Mut zur Gründung: Caroline Dabels auf der Bühne. (Quelle: Start-up BW Elevator Pitch)

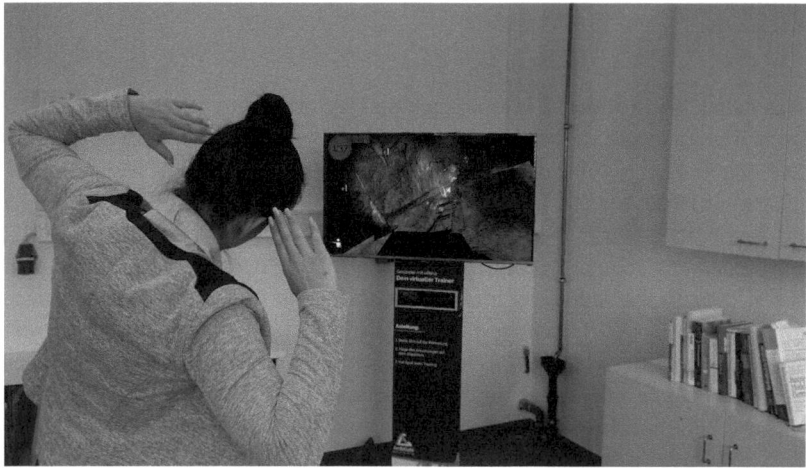

**Abb. 5** Bewegungstraining mit dem AmbiCoach. (Quelle: AmbiGate)

führung zur Verfügung zu stehen. Mensch und Maschine ersetzen sich hierbei nicht, sondern ergänzen sich und profitieren voneinander. Diese Verbindung ist für mich das Herzstück unserer Arbeit.

**Was haben Sie sich für die nächsten Jahre in Sachen Digitalisierung vorgenommen bzw. wo soll Ihre digitale Reise hingehen?**
Die nächsten Jahre werden wir unseren AmbiCoach weiterentwickeln. Wir arbeiten bereits an einer App, die ihn erweitert, um beispielsweise die Trainingsergebnisse der letzten Tage miteinander vergleichen zu können. Letztendlich möchten wir, dass der AmbiCoach wie ein Personal Trainer immer an der Seite des Nutzers steht und ihn in seinem Alltag beim Training zu Hause und im Büro unterstützt. Auch eine Verbindung zu Wearables steht auf dem Programm. Was sich momentan auf Rückenerkrankungen fokussiert, wird in Zukunft auf andere Krankheitsbilder, Prävention und sportliche Bereiche ausgeweitet.

Ein weiterer persönlicher Meilenstein war der Aufbau eines Digitalisierungszentrums, dem Neckar Hub, in Tübingen. Hier helfe ich mit, Fragestellungen von Unternehmen und Kommunen mit innovativen Prozessen und Akteuren, wie Startups, zu verbinden. Neben einem Coworking Space und Inkubator ist der Neckar Hub ein Treffpunkt für Gründer und Gründungsinteressierte. Es bleibt spannend, was als nächstes kommt.

**Wie beurteilen Sie die Relevanz der Digitalisierung für Gesellschaft, Wirtschaft und Politik: a) Wie wird Digitalisierung Ihrer Meinung nach in 25 Jahren Gesellschaft, Wirtschaft und Politik prägen? b) Wie stehen Sie persönlich dazu und was wünschen Sie sich dafür?**

a) Wir befinden uns inmitten der 4. Industriellen Revolution. Noch vor 25 Jahren war das Surfen im Internet, das heute nicht mehr aus unserem Leben wegzudenken ist, unvorstellbar. In den nächsten 25 Jahren kann also einiges passieren. Sowohl wirtschaftlich als auch politisch werden Bürger und Verbraucher durch Digitalisierung wieder mehr in den Fokus gerückt. Bargeldloses Bezahlen wird die Märkte beschleunigen, was die Wirtschaft ankurbeln wird. Die hohe erreichbare Informationsdichte wird Politiker mehr in die Pflicht nehmen, sich mit der Bevölkerung und ihren Bedürfnissen auseinanderzusetzen. Durch die sozialen Netzwerke rücken sie näher an die Bürger heran und begegnen ihnen auf Augenhöhe, was das Verständnis und die Beteiligung an Politik steigern könnte. Der Oberbürgermeister von Tübingen, Boris Palmer macht das beispielsweise ganz aktiv.

Außerdem kann Wissen durch Digitalisierung immer zugänglicher gemacht und so Bildungsstandards aneinander angleichen werden. Das würde Bildung weniger sozialschichtspezifisch machen. Hierfür muss es allerdings in den nächsten 25 Jahren gelingen, den Netzausbau in Deutschland zu vervollständigen. Auf der anderen Seite wird unser Wunsch nach einfachen Lösungen immer mehr Monopole zulassen. Beste Beispiele sind schon heute Google, Amazon und Facebook. In den nächsten Jahren wird sich der Netzwerkeffekt weiter verstärken. Die Gefahr, dass wir weiterhin mit unserem eigenen Gedankengut fahrlässig umgehen, wird nach wie vor bestehen. In 25 Jahren haben wir hoffentlich die Balance zwischen der analogen und digitalen Welt gefunden und ziehen gleichermaßen Vorteile aus beiden.

b) Prinzipiell stehe ich der Digitalisierung positiv gegenüber. Aufzuhalten ist sie nicht und die Vorteile liegen klar auf der Hand: Keine Papierlandkarten auf der Motorhaube am Straßenrand, Vernetzung über Landesgrenzen und gesellschaftliche Schichten hinweg, bargeldlose Bezahlung, unendliche Informationsquellen und von der Sozialschicht unabhängig zugängliche Bildung sowie in naher Zukunft auch (echte) künstliche Intelligenz. Allerdings wurden wir von der Digitalisierung wie von einer Welle einfach überrascht – mit all ihren Möglichkeiten. Und da stehen wir jetzt, mit viel Technologie, deren Auswirkungen wir erst noch erfahren werden. Wir sind wie der Steinzeitmensch als er das Feuer entdeckte. Es eröffnet völlig neue Dimensionen, aber man kann sich auch die Finger daran verbrennen. Ich denke daher, die Politik wird nicht umhinkommen, weitere Anpassungen in der Gesetzgebung und der Weiterbildung zum Umgang mit Digitalisierung vorzunehmen. z. B. gibt es längst Gesetzesentwürfe zur Vergesslichkeit des Internets, die nur darauf warten, zum Einsatz zu kommen. Ich würde mir wünschen, dass Politiker Digitalisierung nutzen um Formen der Kommunikation zu finden, die für alle verständlich ist. Das kann Hass, Angst und Missverständnissen entgegenwirken.

Nicht nur politisch, auch gesellschaftlich hat Digitalisierung Spuren hinterlassen und sich unweigerlich auf zwischenmenschliche Beziehungen ausgewirkt. Die zunehmende Entbehrlichkeit von persönlicher Kommunikation führt im schlimmsten Fall dazu, dass Menschen immer unsozialer werden. Trauer, Enttäuschung und Wut werden nicht selten zu Buchstaben. Ich wünsche mir, dass wir nicht abstumpfen, dass wir vielmehr Digitalisierung nutzen um hin- und nicht wegzusehen. Ich habe erfahren, wie stark die voranschreitende Digitalisierung mein Wissen und meinen Horizont erweitert hat. Nicht nur Bilder, sondern auch dazugehörige Geschichten und Erfahrungen haben mich an Themen herangeführt, die zu Herzensangelegenheiten geworden sind. Ich wusste beispielsweise weder, dass jedes Jahr 73 Mio. Haie wegen ihrer Flossen getötet werden, noch, dass inzwischen viele Arten zu 90 % ausgerottet wurden. Der Schreckensgigant, der in Filmen noch heute zur Bestie gemacht wird, ist vom Aussterben bedroht. Und das obwohl er hilft das zu produzieren, was der Mensch am dringendsten zum Leben braucht – Sauerstoff. Obwohl mir unser Planet mit all seinen Bewohnern schon immer sehr am Herzen lag und ich mir immer wünschte, dass er besser geschützt wird, habe ich bemerkt, wie klein mein Wissensschatz diesbezüglich war. Digitalisierung hat mir Wege aufgezeigt, wie ich meinen Beitrag leisten kann. Digitalisierung bietet uns nicht nur eine Plattform um Wissen auszutauschen, sondern ermöglicht auch, andere Lebenswelten kennen- und schätzen zu lernen. Ich wünsche mir, dass Ignoranz durch Toleranz, Unwissen durch Wissen und Angst durch Mut ersetzt werden.

### Learning
Digitalisierung ermöglicht nicht Engagement per se; sie vernetzt jedoch über Kontinente hinweg, was es uns ermöglicht, 7 Mrd. helfende Hände zu erreichen.

**Caroline Dabels,** geboren 1983 in Freiburg im Breisgau, hat vor ihrem Studium in Freiburg, Costa Rica und Berlin gelebt. Während ihres internationalen BWL-Studiums in Berlin hat sie zwei Semester in Malaga und London verbracht und ihren zweiten Abschluss in International Management an der Universität Sunderland in England absolviert. Die Auslandserfahrung hilft ihr, über den Tellerrand hinauszuschauen und stets innovative Lösungen anzustreben.

Ihre Spezialisierung liegt im Marketing, PR, Business Development und Projektmanagement. Bei ihrer Firma AmbiGate nutzt sie diese Fähigkeiten für die Mitgestaltung und Vermarktung von bewegungssensiblen Lösungen.

Eine ihrer großen Leidenschaften ist das Tauchen. Bisher ist sie in Afrika, Nord- und Lateinamerika, Südostasien und Europa getaucht. Die stille Tiefe sieht sie als eine faszinierende Welt – nahezu schwerelos, frei von Lärm und unnötigen Worten.

# Von digitalen Chancen zur Augmented Revolution

## Wie Digitalisierung unser Leben prägt oder wir sie

Susanne Haspinger

**Zusammenfassung**

Digitalisierung als Schreckgespenst und Digitalisierung als Zukunftsbringer – die Sichtweisen auf die Möglichkeiten und Auswirkungen der neuen Technologien könnten kaum weiter voneinander abweichen. Diese werden in diesem Beitrag sowohl in Bezug auf meinen privaten Alltag als auch auf mein Berufsleben näher erläutert. Im Verlauf wechselt der Fokus auf die Auswirkungen der Digitalisierung auf Gesellschaft, Politik und Wirtschaft in den nächsten Jahren. Dabei spielt der aktuelle Wandel in der Industrie eine entscheidende Rolle, jedoch genauso bedeutsam ist die steigende Skepsis in der Bevölkerung. Durch den wachsenden Einfluss von Digitalisierung auf unser Leben regt sich zunehmend der Verdacht, dass die Digitalisierung unseren Alltag nicht nur zum Positiven verändert. Deshalb stellen sich für mich die Fragen, inwiefern Digitalisierung eine Gefahr oder eine Möglichkeit darstellt, wie wir die neu gewonnenen Möglichkeiten nutzen können und mit welchen Auswirkungen zu rechnen ist.

S. Haspinger (✉)
Holo-Light GmbH, Ismaning, Deutschland
E-Mail: s.haspinger@holo-light.com

© Springer Fachmedien Wiesbaden GmbH, ein Teil von Springer Nature 2020
A. Ternès von Hattburg (Hrsg.), *Digitalisierung als Chancengeber,*
https://doi.org/10.1007/978-3-658-26893-0_8

*Persönliches*

- Tirolerin mit Begeisterung für Physik
- COO bei Holo Light

*Das Unternehmen*

- Holo Light GmbH
- Gegründet: April 2015
- Über 30 Mitarbeiter mit Expertenwissen in Physik, Computerwissenschaften, Mathematik, Vertrieb, Business Administration, Marketing und Design

Digitalisierung – ein Wort, welches zurzeit in aller Munde ist und in den verschiedensten Zusammenhängen verwendet wird. Definitionen dafür reichen von Schreckensszenarien des gläsernen Menschen und zerstörten Arbeitsplätzen bis hin zu neuen Möglichkeiten durch flexiblen Arbeitszeitmodellen und der Vereinbarkeit von Familie und Beruf – die Auswirkungen der Digitalisierung reichen tief in Arbeitswelten und Privatleben. Angesichts der unterschiedlichen Auswirkungen der Digitalisierung ist, wie bei vielen Errungenschaften der Menschheit, der essenzielle Faktor der Umgang des Einzelnen damit.

**Was ist Ihr wichtigstes persönliches digitales Tool, das Sie nicht mehr missen möchten?**
Für mich bietet Digitalisierung in erster Linie unzählige Möglichkeiten, die sowohl mein Privatleben als auch meinen beruflichen Alltag erheblich beeinflussen und in vielen Situationen erheblich erleichtern. Ganz zu schweigen vom Komfort, den Streaming-Dienste bieten, indem sie auf Knopfdruck eine nahezu unbegrenzte Auswahl an Filmen, Serien und Musik zur Verfügung stellen, bietet Digitalisierung einen essenziellen Vorteil: Sie ermöglicht es mit ihren vielseitigen Facetten, einen zeitfressenden Beruf mit einem funktionierenden Privatleben zu verbinden. Gerade in herausfordernden und somit zeitintensiven Arbeitsphasen, in denen sich Arbeitszeiten und Öffnungszeiten von Geschäften kaum mehr vereinbaren lassen, retten meine Kollegen und mich diverse Online-Dienste für Lieferessen, Banking und Shopping vor dem (gefühlten) Verhungern, Zahlungsrückständen, den daraus resultierenden Problemen mit Vermietern und Ähnlichen, fehlenden oder in letzter Minute gekauften Geschenken und natürlich auch vor einer unvollständigen oder unangebrachten Garderobe für Reisen und Termine.

Zusätzlich ermöglicht mir die Digitalisierung zeitweise den Tausch meines Schreibtisches gegen den Balkon oder das heimische Wohnzimmer – mit den Füßen in der Sonne lassen sich Emails und Dokumente dank Serverzugriff hervorragend bearbeiten, durch die Ruhe oftmals sogar besser als im Büro. Dadurch sind Handwerker- oder Liefertermine, wofür normalerweise erholsame Urlaubstage aufgebraucht werden müssten, ohne organisatorische Wunder möglich. Durch die überall und jederzeit verfügbaren Daten kann man sowohl am Strand mit Kunden und Kollegen Meetings vereinbaren als auch im Autobahnstau noch die Telefonnummer des Kollegen heraussuchen, um ihn von der Verspätung zu informieren und notfalls am Meeting per Telekonferenz teilzunehmen.

**Wie zeigt sich Digitalisierung in Ihrem a) persönlichen und b) beruflichen Alltag?**

Den größten Vorteil der Digitalisierung in meinem Privatleben stellt die Verfügbarkeit einer unfassbaren Informationsmenge dar. Durch die Onlinepräsenz internationaler Medien kann ich bequem in München die New York Times lesen, nahezu in Echtzeit politische Ereignisse mitverfolgen und im Ernstfall auf Facebook abfragen, ob meine Familie und Freunde in Sicherheit sind. Egal zu welcher Uhrzeit, egal welches Themengebiet – dank unzähliger Fachseiten, Foren und Zeitschriften trennen mich nur wenige Klicks von einer unbeschreiblichen Fülle an Erklärungen und Anleitungen über theoretischer Quantenphysik bis hin zum Rezept für Sachertorte. Ohne die Wohnung auch nur zu verlassen kann jeglicher Wissenshunger gestillt und für jede Herausforderung ein Lösungsvorschlag gefunden werden – ein wahres Schlaraffenland für Autodidakten und Interessierte.

Beruflich nimmt Digitalisierung einen noch größeren Stellenwert ein. Mein Berufsalltag wäre ohne die Fortschritte der Digitalisierung kaum vorstellbar. Tagesorganisation mit Outlook, Mitschriften und Sammlungen von Meetings und Projekten im OneNote, Kontaktverwaltung im CRM – Ohne meine alltäglichen Begleiter auf Smartphone und Laptop wie OneNote und Outlook würden unzählige Stunden für Abstimmung mit Kollegen für einen einfachen Termin oder dem mühsamen Zusammenfassen und Austauschen von Mitschriften investiert werden – Stunden, die ich dank diesen Tools produktiv nutzen kann. Kurzum sind die verschiedenen Facetten der Digitalisierung mittlerweile meine tagtäglichen Begleiter, obwohl sich das bei unseren ersten Berührungen für mich nicht wirklich abgezeichnet hat.

**Was war Ihr wichtigstes persönliches oder berufliches Erlebnis zum Thema Digitalisierung?**

Mein erster bewusster Kontakt mit Digitalisierung hat erst mit 16 Jahren stattgefunden – eine Schulfreundin hat ein Austauschjahr in den USA geplant und die Sorge in der Klasse ist groß gewesen, durch die große Distanz und den Zeitunterschied den Kontakt zu verlieren. Die Lösung ist schnell gefunden worden – Facebook. Das soziale Netzwerk hat uns allen in Form von unzähligen Bildern und Postings an ihren Erlebnissen teilhaben lassen, die Chatfunktion hat uns einen Austausch ermöglicht, der unser Taschengeld im Gegenteil zu der damals eigentlich bevorzugten Kommunikationsart – SMS, nicht belastete. Schnell hat sich das abendliche Chatten und Fotos Liken und Kommentieren zur Gewohnheit etabliert, welche auch nach dem Austauschjahr angehalten hat. Parallel dazu hat sich Skype in der Gruppe zur abendlichen Kommunikation bewährt. Durch die Distanz von mehreren Kilometern zwischen unseren Wohnorten, welche für Teenager ohne eigene Transportmittel und bei eher dürftigen öffentlichen Verbindungen kaum überwindbar gewesen sind, ohne die Geduld der Eltern mehrmals pro Woche zu strapazieren, hat uns Skype einen telefonischen Austausch über Hausübungen, Schulprojekte, die Wochenendplanung oder den neuesten Klatsch und Tratsch ermöglicht.

**Wie würden Sie Ihren persönlichen Start in die Welt der Digitalisierung beschreiben?**

Ausgehend davon hat Digitalisierung immer mehr Platz in meinem Leben gefunden – e-Reader, Laptop und Smartphone haben sich als meine täglichen Begleiter etabliert, wobei sich die Digitalisierung lange Zeit eher unbemerkt in meinen Alltag integriert hat. So hat sich im Laufe des Studiums bei drei Kollegen und mir die Idee eines Start-ups fokussiert auf Industriesoftware entwickelt. Als die Microsoft HoloLens bekannt gegeben wurde, haben wir unseren Plan gefasst, basierend auf der neuen Technologie der 3-D-Datenbrillen den Bereich der Industriesoftware zu revolutionieren. So haben wir mit der Hilfe des Vaters von einem von uns das Mixed Reality (MR) Industriesoftware Start-up Holo-Light gegründet. In diesem Rahmen hat das für mich einschneidendste Erlebnis bezüglich der Möglichkeiten mit der Digitalisierung stattgefunden: Im Zuge der ersten Testläufe mit der neuen Hardware haben wir uns an den verschiedensten Demo-Usecases versucht. Als sich dabei digitale Objekte und Informationen nahtlos in die reale Umgebung einfügt haben, hat sich dabei eine neue Welt voll unzähliger Einsatzgebiete und Möglichkeiten in der Softwareentwicklung mithilfe von Mixed Reality eröffnet. Basierend auf diesen Tests ist Holo-Light schnell von den Foundern auf eine Teamgröße von 30 Leuten angewachsen, welche nötig ist um die verschiedensten Usecases zu bearbeiten – gemeinsam mit Kunden haben sich die unterschiedlichsten Usecases von Konstruktion, Design und Planung über die Produktion und Qualitätsprüfung bis hin zur Visualisierung im Verkauf und Wartung beim Kunden herausgestellt und entwickelt.

**Was haben Sie selbst in Ihrem Unternehmen an Digitalisierung erreicht?**
Innerhalb von Holo-Light ist Digitalisierung unser ständiger Begleiter – intern werden der Großteil der Abläufe mithilfe von digitalen Tools abgewickelt. Homeoffice schränkt die Softwareentwicklung nicht ein, bei Meetings werden Kollegen, die unterwegs zu Kundentermine, auf Geschäftsreise, im Homeoffice oder bei dringenden Themen auch auf Urlaub sind, bei Bedarf via Telekonferenz zugeschaltet. MR-Datenbrillen sind ein gewohntes Bild, egal ob Software geprüft wird, Applikationen präsentiert werden, Entwickler ihre Zwischenschritte überprüfen oder mithilfe von Einhörnern Funktionen und Technologien testen (Abb. 1). Technologien, die sich in den verschiedensten Projekten und Produkten mit und für Kunden wiederfinden.

So unterstützt unsere Software Holo-View Kunden bereits in der Konstruktionsphase und holt Modelle vom Bildschirm mit wenigen Klicks in den drei dimensionalen Raum, wo Design, Verwendbarkeit, Funktion und Realisierbarkeit mit Kollegen und Kunden anhand des 3-D-Modells besprochen und durch Platzierungsmöglichkeiten auch überprüft werden können (Abb. 2).

**Abb. 1** Entwickler beim Testen der Lokalisierung und Datenübertragung eines Avatars im AR-Stream. (Quelle: Holo-Light)

**Abb. 2** Holo-View im Kundengespräch zur Präsentation verschiedener Produkte im AR-Stream. (Quelle: Holo-Light)

Mithilfe von Trainingssoftware werden an drei dimensionalen Modellen in Echtgröße Montageabläufe eingeübt, die schrittweise Darstellung der exakten Abläufe ermöglicht einen Know-how-Transfer unabhängig von Sprache und Verfügbarkeit von Ausbildnern. 3-D-Datenbrillen ermöglichen durch ihre Verwendung mit Sprachsteuerung und den damit verbundenen freien Händen einen Einsatz der Software direkt am Arbeitsplatz, um den Lerneffekt zu beschleunigen und zusätzliche Sicherheit zu bieten. Durch exakte Überlagerung des Montageplatzes werden Mitarbeiter vor Ort Schritt für Schritt angeleitet und unterstützt, um anfängliche Fehler und damit verbundene Stillstandzeiten zu vermeiden.

In der Qualitätskontrolle unterstützt MR-Software bei der Überprüfung unzähliger Checkpunkte, welche durch die zunehmende Individualisierung der Produkte von Jahr zu Jahr vielfältiger werden. Die Mitarbeiter der Qualitätskontrolle überlagern das reale Produkt mit seinem digitalen Zwilling, um sich Checkpunkte direkt am Produkt visualisieren zu lassen. Der User wird Punkt für Punkt um das reale Produkt herumgeführt und kann das Feedback gemeinsam mit einem Foto direkt zurück ins System spielen. Zeitintensives Suchen der einzelnen Features und die anschließende aufwendige Dokumentation werden ersetzt durch wenige Gesten und Sprachbefehle.

Nach bzw. schon vor der Produktion präsentieren Firmen ihre Produkte auf Messen – mithilfe von MR-Software werden Messestände in den verschiedenen

Bereichen erweitert. Produkte werden vergrößert von allen Seiten dargestellt, komplexe Funktionen verständlich visualisiert durch 3-D-Animationen, Besonderheiten, welche sich im Inneren verstecken, klar hervorgehoben, ausgestellte Maschinen direkt mit einem Klick auf sie gesteuert, die zugehörigen Daten werden dem Kunden direkt angezeigt, etc. Der Kreativität der Firmen ist kaum mehr eine Grenze gesetzt, von der Visualisierung der Echtzeitdaten von Maschinen bis hin zu 3-D-Animationen im Maschineninneren ist beinahe alles möglich, ein Messestand wird zum digitalen Wunderland mit versteckten Schätzen und Features, welche potenzielle Kunden entdecken und erleben können.

Im Verkaufsgespräch beim Kunden werden Jahr für Jahr unzählige Musterkoffer von A nach B und wieder nach A transportiert, die benötigten Muster hat meist der Kollege und ein Muster fehlt mit großer Wahrscheinlichkeit immer. Diese organisatorischen und logistischen Herausforderungen können in vielen Bereichen mit MR-Software größtenteils umgangen bzw. komplett gelöst werden. Anstatt unhandlicher, schwerer und kostenintensiver Koffer sind zwei MR-Devices pro Mitarbeiter, bespielt mit entsprechender Software, ausreichend. Gemeinsam mit dem Kunden können verschiedene Produkte und Versionen in Echtgröße vor Ort visualisiert und getestet werden, ob Anlieferung und Position problemlos möglich sind. Egal ob das neue Auto haarscharf nicht in die Garage passt oder zur Anlieferung der neuen Maschine das halbe Hallendach abmontiert werden muss, weil die Tür fünf Zentimeter zu schmal ist, kleine Abweichungen der baulichen Gegebenheiten und Fehleinschätzungen sind meist ärgerlich und kostenintensiv, dabei sind sie in diesem Szenario ohne großen Aufwand vermeidbar. Zeitgleich können Mitarbeiter flexibel auf Kundenwünsche reagieren – anstatt einen erneuten Besuch mit einem anderen Musterkoffer zu veranlassen, reicht es aus, den benötigten Datensatz zu laden und dem Kunden direkt das gewünschte Produkt zu visualisieren.

Nach geraumer Benutzungszeit benötigen die meisten Produkte einen Service, bei dem routinemäßig Verschleißteile ausgetauscht werden. Dafür ist meist ein versierter (und teurer) Servicetechniker von Nöten, der zumeist am anderen Ende von Deutschland verweilt, wenn man ihn dringend benötigt. Mithilfe von MR-Devices und Software kann der Laie vom Profi angeleitet werden, was zu tun ist. Die Routineschritte können standardmäßig in der Software integriert werden, für Spezialfälle kann der Experte zugeschaltet werden und zeigen welcher Knopf in der jeweiligen Situation der richtige ist. So erlangen Kunden Unabhängigkeit, Anbieter sparen Kosten und Stillstandzeiten werden minimiert.

Dasselbe Konzept funktioniert auch bei der Behebung von Fehlern. Zusätzlich zur bekannten Fehlermeldung, kann mittels Software und dem digitalen Zwilling der Fehler lokalisiert und so der Mitarbeiter zum richtigen Bereich der Maschine gelotst werden. Anstatt mühevoller Suche im Handbuch werden die Hinweise und Informationen direkt im Sichtfeld eingeblendet, sollte der Fehler nicht allein mithilfe der Anleitung behoben werden können, besteht die Möglichkeit, einen Spezialisten mit Videoübertragung hinzuzuschalten und so den Fehler innerhalb kurzer Zeit zu beheben.

In diesen Szenarien unterstützen wir unsere Kunden aktuell in allen Stadien ihrer Produkte und nutzen die digitalen Daten in den unterschiedlichsten Varianten.

**Was haben Sie sich für die nächsten Jahre in Sachen Digitalisierung vorgenommen bzw. wo soll Ihre digitale Reise hingehen?**
Unsere Ziele im Bereich der Digitalisierung in den nächsten Jahren sind jedoch weitreichender als eine Unterstützung für unsere Kunden in der Produktion und dem Umgang mit ihren Produkten zu sein. Wir von Holo-Light arbeiten daran, unseren Beitrag zum Rückgrat der Digitalisierung zu leisten – der sogenannten Augmented Revolution und der damit verbundenen Augmented Reality (AR) – Cloud.

Die AR-Cloud besteht unter anderem aus fünf großen Bausteinen, die bereits in den oben erwähnten Anwendungen mit einfließen:

- der performanten Visualisierung von Inhalten
- dem Teilen von Informationen über verschiedene Geräte hinweg
- der Interaktion mit den Inhalten
- der Kreation von neuen Inhalten
- der Analyse von Inhalten

Aktuell entwickeln wir an diesen Technologien und feilen an den bereits vorhandenen Methoden, oftmals finden sie sich verpackt in Projekten, Prototypen und Produkten den Weg zu unseren Kunden, wo sie bereits jetzt unseren Kunden einen Benefit und uns direktes Feedback zu den Funktionen bringen.

So arbeitet ein Team bereits seit 2016 am AR-Stream, einer Technologie, die das Teilen von Inhalten und Informationen über verschiedenen Devices hinweg erlaubt. Aktuell nutzt unter anderem das Produkt Holo-View bereits den AR-Stream als sogenannten Multiuser – mehrere Head-Mounted-Modules (HMDs) oder auch PCs können zeitgleich das auf einem Device geladene Modell sehen und damit interagieren.

Holo-View beinhaltet auch einen weiteren Bauteil unseres Zieles – die performante Visualisierung von Inhalten. Durch die technisch begrenzte Leistung eines portablen Gerätes stieß unser Team auf diverse Herausforderungen, um große Dateien visuell ansprechend darzustellen. Doch durch ausgeklügelte

Optimierungen konnte eine performante Visualisierung auch von größeren Modellen und Informationen sichergestellt werden.

Der nächste große Bereich für die Technologie der Augmented Reality ist die Kreation von Inhalten und die Interaktion mit ihnen. Durch die aktuelle Gestensteuerung kann die benötigte Präzession und der gewünschte Komfort für viele Usecases nicht erreicht werden und viele User sind durch die Flut an neuen Bedienelementen überfordert, welche jeweils mit nur einem Head-Mounted-Module funktionieren. Deshalb arbeitet Holo-Light an einer neuen Möglichkeit der Interaktion der hardware-übergreifenden Interaktion mit digitalen Inhalten so intuitiv wie die PC-Maus: einem Stift – um genau zu sein dem Holo-Stylus (Abb. 3).

Für den letzten Baustein dieser Technologie, der Analyse der Daten, haben wir unseren Partner 3-D-Industries aus London mit ins Boot geholt. Gemeinsam mit dem Team von 3-D-Industries arbeiten wir an der Grundstruktur für AR im Alltag für Konsumenten und Business – der AR-Cloud. Mithilfe dieser Struktur sollen weitere Entwickler, Start-ups und Big Player Anwendungen für alle User und Lebenslagen entwickeln können. Durch diesen Anstoß der Augmented Revolution wollen wir von Holo-Light allen Menschen die Möglichkeit geben, die neue Technologie bestmöglich zu nutzen, egal ob für Arbeit oder Freizeit und so ihr alltägliches Leben zu erweitern.

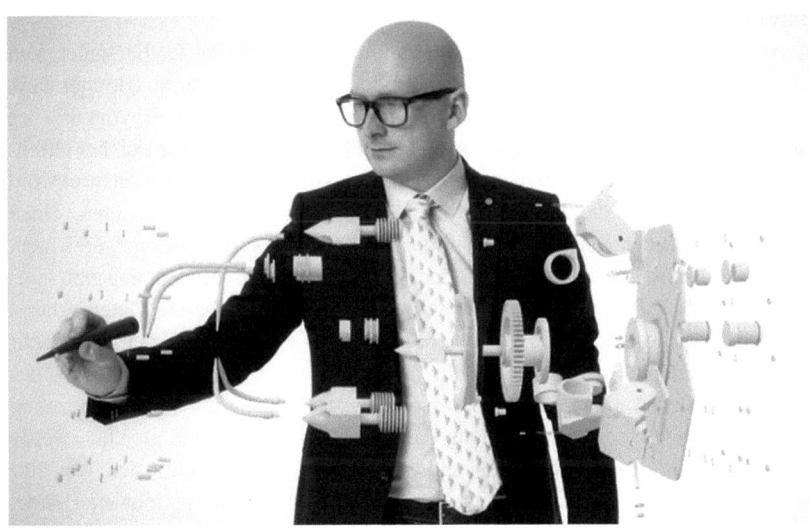

**Abb. 3** Holo-Stylus zur präzisen Interaktion mit Modellen. (Quelle: Holo-Light)

**Wie beurteilen Sie die Relevanz der Digitalisierung für Gesellschaft, Wirtschaft und Politik: a) Wie wird Digitalisierung Ihrer Meinung nach in 25 Jahren Gesellschaft, Wirtschaft und Politik prägen? b) Wie stehen Sie persönlich dazu und was wünschen Sie sich dafür?**

Durch die vielseitigen Einsatzmöglichkeiten in Beruf und Privatleben verändert sich die Gesellschaft durch die Digitalisierung unabhängig von unseren Plänen für die Zukunft. All diese Veränderungen stellen uns vor viele Herausforderungen, die aktuell oder schon bald gelöst werden müssen.

So ist der Arbeitsmarkt bereits im Wandel – Arbeitsbereiche verändern sich oder werden durch Technologie ersetzt. Hier bietet sich die Chance, frei werdende Ressourcen mithilfe von Schulungen und Weiterbildungen zur intensiveren Betreuung von Kunden oder zur Unterstützung verschiedenster Abläufe von Entwicklung bis hin zur Organisation einzusetzen.

Eine weitere Herausforderung ist die Setzung und Einhaltung von digitalen Grenzen im beruflich-privatem Umfeld. Durch die Möglichkeit, immer und überall zu arbeiten und jederzeit für Kollegen und Vorgesetzte erreichbar zu sein, entsteht auf viele Arbeitnehmer ein großer Druck, auch wirklich immer erreichbar und bereits zu sein. Um die Regenerationsphasen und somit die eigene Gesundheit nicht zu gefährden, müssen Arbeitnehmer für sich selbst Grenzen setzen und diese auch bei den Kollegen akzeptieren. Ob die Diskussion über das neue Konzept auch am Sonntagvormittag am Badesee nötig ist, kann und muss jeder einzelne für sich selbst entscheiden.

Ähnlich verhält es sich mit der Datensammlung verschiedenster Hersteller. Von GPS-Daten des Smartphones über die präferierte Temperatur im Schlafzimmer dank Smartphone-App für die Heizung bis hin zum persönlichen Schlafrhythmus – es gibt kaum Informationen, die Kunden nicht offenlegen können. Wer sich bei Offenlegung bestimmter Informationen über seine Vorlieben und Gewohnheiten unwohl fühlt, kann oftmals die Datenübertragung und -speicherung deaktivieren, einen anderen Anbieter nutzen oder im schlimmsten Fall auf die Anwendung verzichten. Am Schluss entscheidet nach wie vor der Kunde, wie viel er von sich preisgibt.

Bei all den aufgezeichneten und teilweise auch gespeicherten Daten erlangt die rechtliche Grundlage, was gespeichert und wie verwendet werden darf, mehr und mehr Bedeutung. Durch die über mehrere Staaten verteilten Kunden eines einzigen großen Anbieters müssen verschiedenste Rechtsgrundlagen einbezogen und abgeglichen werden. Auch wenn das einer Mammutaufgabe gleicht, zweifle ich nicht daran, dass Regierungen und Spezialisten einen funktionalen Weg finden werden – eine Gesellschaft, die das Fundament für internationalen Handel und Großkonzerne geschaffen hat, wird auch hier eine stabile Grundlage finden.

Doch trotz der Herausforderungen, die sich uns bieten, dürfen wir nicht die positive Seite der Digitalisierung übersehen.

Mithilfe der nahezu unbegrenzten Fülle an Informationen und Wissen, welches im Internet verfügbar ist, stehen uns heute alle Türen offen. Wir können uns in die verschiedensten Bereiche einlesen und die unterschiedlichsten Skills anlernen, ohne auch nur das Haus zu verlassen – von Programmierung über Fremdsprachen bis hin zu Maschinenbau, beinahe für alle Themengebiete finden sich Tutorials, Videos, Onlinekurse, Anleitungen und Foren zum Austausch im Internet – unserem Wissensdurst und unserer Weiterentwicklung sind dadurch kaum mehr Grenzen gesetzt. Unsere Möglichkeiten sind nahezu unbegrenzt, unabhängig von Faktoren wie Arbeitszeiten, Wohnort und anderen Verpflichtungen reicht eine Internetverbindung und der Wille aus, um sich weiterzubilden und sowohl privat als auch beruflich über sich hinauszuwachsen.

Die Verlagerung von Ressourcen ermöglicht eine intensivere Kundenberatung und -betreuung, während die vermehrte Technologie und damit verbundene Flexibilität in Produktionsabläufen für Kunden eine größere Auswahl an leistbaren teilindividualisierten Produkten bietet. Die einfache Verfügbarkeit von angepasster Massenware wirkt sich auch auf Handarbeitsbetriebe aus, während der Markt von günstigen Produkten geflutet wird, steigt bei vielen Kunden zeitgleich der Wert der individuell in Handarbeit gefertigten Einzelstücke, dieses Verhalten ist bereits jetzt bei Einrichtungsgegenständen zu beobachten: Je mehr Möbelhäuser den Markt mit nahezu sofort verfügbaren Möbeln überfluten, umso mehr wird die Garderobe handgefertigt vom Tischler bewundert und geschätzt. So erlangen Handarbeitsbetriebe wieder mehr Anerkennung und Wertschätzung abseits von günstig produzierter Massenware.

Unzählige Online-Dienste bieten uns ein erhebliches Maß an Komfort und Flexibilität. Begonnen bei der Tätigung von Überweisungen über die Recherche und Bestellung des individuellen Geschenks für den Partner bis hin zur Organisation des heiß ersehnten Sommerurlaubes – Viele Aufgaben, die sonst an Öffnungszeiten und Orte gebunden sind, und dadurch nur schwer mit dem Berufsalltag, den Vereinstrainings von Kindern und eigenen Hobbys verbindbar sind, können direkt vom Sofa aus zu jeder Uhrzeit erledigt werden. So fügen sich Organisationsaufgaben in unseren Alltag ein, ohne Zeit zu beanspruchen, die für Familie, Freunde, Hobbys oder den Beruf besser genutzt werden könnte.

Diverse soziale Netzwerke, Email- und Videokonferenz-Provider ermöglichen uns, den Kontakt zu Freunden und Familie entgegen aller Probleme wie Distanz und Lebensplanung aufrecht zu halten. Genauso kann man mithilfe von Netzwerken seine früheren Freunde und aus den Augen verlorene Verwandte suchen und den Kontakt wiederherstellen. Egal ob Kapstadt, Peking, London oder Los Angeles – man kann seine Lieben an seinem Leben über Kontinente hinweg teilhaben lassen und sich mit ihnen darüber austauschen und so den Kontakt halten. So tragen digitale Tools aktiv dazu bei, dass wir uns trotz geografischen Entfernungen nicht von unseren Lieben entfernen müssen.

Die Flexibilität durch Cloud Services und Videokonferenzen ermöglicht es Eltern und Familienangehörigen, ihre Arbeitszeiten entsprechend dem Tagesablauf ihrer Kinder und Angehörigen anzupassen und so mehr Anteil aneinander zu nehmen. Die Digitalisierung bietet uns die Möglichkeit, unsere Gesellschaft familienfreundlicher zu machen und Familie und Karriere vereinbar zu gestalten. So bieten diese Tools Arbeitnehmern die Möglichkeit zu wählen, inwiefern Familie und Beruf im Individuellen kombiniert werden soll, ohne sich für oder gegen eines von beiden entscheiden zu müssen.

Zusammengefasst stellt Digitalisierung für mich einen großen Schritt in die Zukunft dar. Eine Zukunft, in der Familie und Beruf vereinbar ist, Familien und Freunde über Kontinente hinweg in Kontakt bleiben, Arbeitnehmer ihre individuelle Rolle in der Wirtschaft finden, jede und jeder unzählige Möglichkeiten zur Information und Weiterbildung unabhängig seines Wohnortes und seiner Herkunft hat. Eine Zukunft, in der mit einer entsprechenden Vorsicht jedes Einzelnen durch neue Technologien wie der AR-Cloud nahezu alles möglich sein wird. Digitalisierung ist in meinen Augen kein Schreckgespenst und keine Gefahr für die Menschen, am Ende werden wir nicht von der Digitalisierung geformt. Im Gegenteil: wir definieren und formen die Digitalisierung, wir geben die Rahmenbedingungen vor innerhalb derer sich die Entwicklung bewegt, wir bestimmen, wie wir in Zukunft leben wollen – uns stehen also alle Türen offen.

**Susanne Haspinger** ist in Tirol aufgewachsen, wo sie bereits im Gymnasium aktiv an der Physikolympiade teilgenommen hat. Ausgehend davon hat sich Physik in Innsbruck studiert und ist für das Masterstudium in Biophysik nach München umgezogen. Dort hat sie das Studium jedoch aufgrund des Mixed-Reality Start-ups Holo-Light unterbrochen, welches sie gemeinsam mit Florian Haspinger, Alexander Werlberger und Luis Bollinger mit der Hilfe von Hanspeter Haspinger im April 2015 gegründet hat, und durch ein schnelles Wachstum bald den Großteil ihrer Zeit eingenommen hat.

Innerhalb von Holo-Light kümmert sich Susanne mit ihren Kollegen um die Integration von Mixed-Reality Software in der Industrie mit dem Ziel, den Menschen durch die neue Technologie aktiv zu unterstützen anstatt ihn zu ersetzen.

# Neue Arbeit passt nicht in alte Muster

Anna Kaiser und Jana Tepe

> **Zusammenfassung**
>
> Die Digitalisierung verändert die Art und Weise, wie wir arbeiten. Damit Organisationen ihren ganz eigenen Weg ins digitale Zeitalter finden, müssen zuerst einmal Strukturen und Arbeitsweisen offener und flexibler, kollaborativer und damit innovationsfreudiger werden. Denn neue Arbeit – und neue Geschäftsmodelle! – so viel steht fest, passen nicht in alte Muster. Bei einer Transformation, die weder „hauruck" noch nach „Schema F" geschieht, sondern die eigenen Mitarbeiterinnen und Mitarbeiter aktiv miteinbezieht, unterstützen Anna Kaiser und Jana Tepe andere Unternehmen mit ihrem Berliner Software-Unternehmen Tandemploy – und sind dadurch gleich auf drei Ebenen mit der „Digitalisierung" befasst: privat, im eigenen Startup und in der Zusammenarbeit mit ihren Kunden aus Mittelstand und DAX. Warum Mut, Herz und offenes Denken und vor allem die Frage nach dem „Wozu?" bei allem Gerede um die Digitalisierung nie zu kurz kommen dürfen, haben uns die beiden im Interview erzählt.

*Persönliches*

- Kontakt: anna.kaiser@tandemploy.com, jana.tepe@tandemploy.com

---

A. Kaiser (✉) · J. Tepe
Tamndemploy GmbH, Berlin, Deutschland
E-Mail: anna.kaiser@tandemploy.com

J. Tepe
E-Mail: jana.tepe@tandemploy.com

*Das Unternehmen*

- Tandemploy GmbH
- Gegründet: Oktober 2013
- 25 Mitarbeiter, davon 10 in den Bereichen IT und Product Management

**Was ist Ihr wichtigstes persönliches digitales Tool, das Sie nicht mehr missen möchten?**
*Jana:* Definitiv mein Google Kalender, ohne ihn wäre ich komplett aufgeschmissen. Darin organisiere ich meinen Tag, sowohl private als auch berufliche Termine und Aufgaben, und stelle sicher, dass mir nichts hinten runterfällt. Für jedes To Do, was im Alltag aufkommt, setze ich mir immer direkt einen Termin, in dem ich mich darum kümmern werde. Unser Team kann den Kalender einsehen und nachvollziehen, wo ich gerade bin und was ich mache – und mit Anna habe ich zusätzlich noch einen gemeinsamen Kalender, in dem wir Termine organisieren, die wir zusammen wahrnehmen.
*Anna:* Bei mir ist es, aus denselben Gründen wie bei Jana, auch mein Kalender. Er ist mir heilig, und Jana und ich halten wirklich auf die halbe Stunde genau fest und nach, was wir wann tun. In unserem Team führt das manchmal schon zu Schmunzeln, da die Kalender so natürlich immer ziemlich voll sind. Was nicht heißt, dass wir nicht flexibel bleiben und Termine auf täglicher Basis auch verschieben und neu priorisieren. Wichtig ist für uns, dass alles drin steht – und nicht in Vergessenheit gerät.

**Wie zeigt sich Digitalisierung in Ihrem a) persönlichen und b) beruflichen Alltag?**
*Anna:* Ich bin an so vielen Stellen mit der Digitalisierung konfrontiert, dass es für mich schwer wird, hier genaue Grenzen zu ziehen oder tatsächlich zu differenzieren, was ist persönlich, was beruflich. Arbeitszeit ist für mich Lebenszeit, ebenso natürlich wie meine privaten Unternehmungen – und die Digitalisierung ist überall. Unser Unternehmen dreht sich auf gleich mehreren Ebenen darum: Jana und ich haben eine Software-Firma gegründet, die andere Organisationen bei der digitalen Transformation unterstützt, indem sie zuerst einmal dabei hilft, die dortigen Strukturen und Arbeitsweisen zu flexibilisieren und Wissen besser fließen zu lassen. Außerdem passiert natürlich auch in meinem Privatleben vieles digital: lesen, kommunizieren, Musik hören, Themen recherchieren – hier wird vieles einfacher und schneller. Allerdings finde ich es genauso wichtig, ab und an auch einmal bewusst offline zu sein.

*Jana:* Da bin ich tatsächlich ganz bei Anna. Gerade weil sowohl digitale Medien als auch das große Gesamtthema „Digitalisierung" bei uns so präsent sind, persönlich und beruflich, wird es umso wichtiger, zwischendrin auch mal nicht digital unterwegs zu sein. Bei uns im Team gibt es – trotz enorm flexibler Arbeitszeiten und Home-Office-Regelungen – einen festen Termin in der Woche, an dem alle persönlich zusammenkommen. Anna und ich haben keine E-Mails auf dem Handy und sind im Urlaub komplett offline, auch das mag für viele Gründer und Geschäftsführer erst einmal sehr verwunderlich klingen. Für uns hat es sich aber bewährt und es gab noch nie eine Situation, in der wir dadurch etwas elementar Wichtiges verpasst hätten. Wenn Dinge ganz dringend sind, greifen Menschen dann doch nach wie vor zum Telefonhörer und rufen an. Ganz wichtig finde ich es, uns bei allen Diskussionen rund um das Thema Digitalisierung immer wieder die Frage zu stellen, „wozu" sie uns am Ende dient. Die „Wozu-Frage" kommt in vielen Lebensbereichen oft zu kurz und ist doch – und gerade auch in diesem Kontext großer technologischer und gesellschaftlicher Veränderungen – so wichtig. Wozu benötigen wir Menschen die Digitalisierung, wo kann sie uns nützlich sein? Was bringt sie am Ende den Einzelnen, an Verbesserung, an neuen Möglichkeiten? Digitalisierung sollte niemals Selbstzweck sein, sondern den Menschen dienen und Erleichterung schaffen. Wenn wir sie hierfür nutzen und außerdem aktiv gestalten, können wir viel gewinnen.

**Was war Ihr wichtigstes persönliches oder berufliches Erlebnis zum Thema Digitalisierung?**
*Anna:* Die größten Veränderungen durch die Digitalisierung, aber das liegt natürlich auch an meiner eigenen Gründung und unternehmerischen Tätigkeit, sehe ich tagtäglich in der Arbeitswelt. Da Jana und ich uns jeden Tag mit diesem Lebensbereich beschäftigen, der ja immerhin einen Großteil des Tages sehr vieler Menschen einnimmt, ist er für uns einfach immer sehr präsent. Ich merke, wie sehr die Digitalisierung a) die Art und Weise verändert, wie Menschen arbeiten und vor allem zusammenarbeiten und b) großen Einfluss auf die Geschäftsmodelle, Produkte und Dienstleistungen von Organisationen hat. Und beides hängt natürlich eng zusammen, auch wenn das oft übersehen wird. Unternehmen können ihren eigenen digitalen Wandel nur dann erfolgreich gestalten, wenn sie zuvor auch grundlegend ihre Strukturen und Arbeitsweisen reflektiert haben: Sind diese überhaupt noch zeitgemäß? Können wir in klassischen Hierarchien, Präsenzkulturen und Kontrollsystemen überhaupt offen und flexibel genug sein, ganze Geschäftsmodelle und -zweige neu zu denken? Lassen aktuelle Firmenkulturen uns überhaupt den Raum, so grundlegend neu und anders

zu denken? Oft bemerke ich in unserer täglichen Zusammenarbeit mit Firmen, gerade auch mit großen namhaften DAX-Konzernen oder marktführenden Mittelständlern mit zigtausenden Beschäftigten, wie diese Fragen zu kurz kommen. Hier werden zwar meist kleine, isolierte Innovations-Units ausgegründet oder vorsichtige erste Experimente gestartet – aber diese Vorstöße kommen im Unternehmens- und Arbeitsalltag der großen Mehrheit schlicht nicht an. Man versucht, ganze Geschäftsmodelle umzukrempeln, ohne die gesamte Belegschaft mit einzubeziehen.

*Jana:* Viele Mitarbeiterinnen und Mitarbeiter in deutschen Unternehmen, gerade im produzierenden Gewerbe (zum Beispiel in der Automobilindustrie) sind sogar komplett von der Thematik der Digitalisierung ausgeschlossen. Sie kennen weder die Zukunftspläne ihrer Organisation diesbezüglich – noch haben sie selber bei der Arbeit Zugang zu digitalen Medien. Das war für mich eine einschneidende und auch erschreckende Erkenntnis der letzten Jahre: dass in den allermeisten Firmen die sogenannten „Blue Collar" Mitarbeiter und Mitarbeiterinnen, also jene, die am Fließband oder in der Produktion arbeiten (Anm.: im Gegensatz zu „White Collar"=Wissensarbeitern), keine eigene E-Mail-Adresse und keinerlei Zugang zu digitalen Tools und Medien wie z. B. dem Firmen-Intranet haben. Wie wollen wir denn – gesamtgesellschaftlich – einen digitalen Wandel gestalten, wie wollen wir Organisationen aktiv neu gestalten und nachhaltig neue Geschäftsfelder aufbauen, wenn wir einen wesentlichen Teil der Belegschaft gar nicht in diese Veränderungen mit einbeziehen?

*Anna:* Eine ganz wichtige Erkenntnis für uns beide war deshalb, dass wir es schaffen müssen, alle Menschen beim Thema Digitalisierung mit abzuholen. Alle Menschen, die in Organisationen arbeiten und die Zukunft dieser verstehen, mitgestalten und mittragen sollen. Und natürlich Menschen, die in unserer Gesellschaft zusammenleben! Die Digitalisierung und die Veränderungen, die damit einhergehen, geht uns alle an. Wir können es nicht einem kleinen Kreis von „Experten" überlassen, über ihre Ausgestaltung und Auswirkungen zu entscheiden. Deshalb schaffen wir mit unserer Software auch bewusst „Räume" in Organisationen, in denen die Mitarbeiter und Mitarbeiterinnen selber (!) am Zuge sind und ihre Zukunft der Arbeit aktiv mitgestalten können. Sie finden hier auf einfache Art und Weise Kolleginnen und Kollegen für alle möglichen Spielarten von „Neuer Arbeit", Mitstreiter für ein neues Projekt zum Beispiel, eine Mentorin innerhalb der Firma, einen Jobsharing-Partner oder eine Kollegin, mit der man die Position und Abteilung mal für eine Weile tauschen kann. So entstehen Eigeninitiative, Bewegung, Offenheit- und vor allem Lösungsvorschläge, die aus der Belegschaft kommen. So entstehen auch neue Arbeitsweisen und Kollaborationsformen, die eine starre Organisation wieder zum Atmen bringen und Raum für neue Ideen – und einen digitalen Wandel! – schaffen.

**Wie würden Sie Ihren persönlichen Start in die Welt der Digitalisierung beschreiben?**
*Jana:* An meinen ersten Computer erinnere ich mich nur noch recht dunkel. Ich war da vielleicht zwölf – und er konnte auch noch nicht so wahnsinnig viel. Ich habe ihn eigentlich nur genutzt, um zu chatten, damals war noch ICQ das Tool der Wahl. Ab und an habe ich E-Mails verschickt an Urlaubsfreundinnen, da wurde langsam die Brieffreundschaft abgelöst, aber das war's dann auch schon. Während meiner Schulzeit, eher im Teenageralter, kamen dann irgendwann SchülerVZ und später das StudiVZ dazu.
*Anna:* Ich bekam meinen ersten Computer mit ca. 15 Jahren. Ich kann mich erinnern, dass mein damaliger Bildschirm zu den Flatscreens der ersten Generation gehörte. Er war so unglaublich teuer und ich hatte sehr lange dafür gespart. Heute würden wir natürlich über die Maße des Bildschirms lachen, aber damals war es super aufregend für mich. Als ich dann auch zur selben Zeit meine erste Emailadresse bekam und in die USA ging, wo die Welt gefühlt schon etwas digitaler war, hielt ich via E-Mail den Kontakt zu Familie und Freunden. Während ich in Deutschland damals nur über ein Modem ins Internet kam, wenn meine Eltern gerade nicht telefonierten, war ich begeistert über die schnellere Internetverbindung in den Staaten. Meine erste Social-Media-Erfahrungen sammelte ich erst mit StudiVZ während des Studiums.

**Was haben Sie selbst in Ihrem Unternehmen an Digitalisierung erreicht?**
*Anna:* Ohne digitale Tools könnten wir nicht so zusammenarbeiten, wie wir es alltäglich tun. Sie ist also die Grundvoraussetzung dafür, dass wir im Team so eigenverantwortlich und flexibel zusammenarbeiten können (Abb. 1). Alle Kollegen und Kolleginnen arbeiten an Laptops, können also auch jederzeit von zu Hause oder woanders arbeiten, unsere Arbeitszeiten koordinieren wir über einen Teamkalender, für schnelle Absprachen dient uns Slack als gemeinsames Team-Medium. Ordner und Dokumente, mit und an denen wir arbeiten, teilen wir über unseren Server, hier können also ortsunabhängig Mitarbeiter und Mitarbeiterinnen von verschiedenen Orten zugreifen.

**Abb. 1** Digitale Tools im Arbeitsalltag bei Tandemploy. (Quelle: ©Mai/Heygster)

*Jana:* Darüber hinaus haben wir natürlich auch noch ein digitales Geschäftsmodell, eine Software, die wiederum anderen Firmen bei der Digitalisierung hilft. Also Digitalisierung, wohin man schaut.

**Was haben Sie sich für die nächsten Jahre in Sachen Digitalisierung vorgenommen bzw. wo soll Ihre digitale Reise hingehen?**
*Jana:* Für ein junges und kleines Unternehmen wie unseres ist es vergleichsweise einfach, mit digitalen Medien und Geschäftsmodellen zu experimentieren, Dinge auszuprobieren und auch schnell wieder zu verwerfen, wenn sie nicht funktionieren. Die viel größere Herausforderung ist es doch, den digitalen Wandel mit einem größeren, womöglich jahrzehntelang gewachsenen Unternehmen zu gestalten. Und hiervon haben wir viele, in Deutschland und natürlich auch weltweit. Die große Frage für uns ist also: Wie können wir Mittelstand und Konzernen, teils riesigen Tankern mit absolut nicht-digitalen Geschäftsmodellen, nicht-digitalen Prozessen und einem nicht-digitalen Mindset dabei helfen, die Chancen der Digitalisierung zu nutzen – und nicht zu verpassen?

*Anna:* Diese Unternehmen unterstützen wir dabei, zuerst einmal die wichtigste Grundlage für eine gelungene Digitalisierung zu schaffen: offene, flexible Arbeitsweisen und Strukturen, die dann wiederum Raum für kreatives und innovatives Denken ermöglichen. Denn ohne Innovationskraft und Mitgestaltungsräume für die Mitarbeiter und Mitarbeiterinnen, so viel ist klar, können Organisationen den digitalen Wandel nicht nachhaltig und proaktiv gestalten. Wir müssen bei diesem wichtigen Thema einfach alle miteinbeziehen. Ein „Change Prozess", der rein von oben kommt und die Menschen nicht mitnimmt, hat noch nie funktioniert. Er wird es auch diesmal – oder gerade diesmal! – nicht tun.

*Jana:* Unsere digitale Reise ist also noch lange nicht vorbei, das Ziel ist noch nicht erreicht, auch wenn wir immer wieder tolle Meilensteine auf dem Weg dorthin passieren.

**Wie beurteilen Sie die Relevanz der Digitalisierung für Gesellschaft, Wirtschaft und Politik: a) Wie wird Digitalisierung Ihrer Meinung nach in 25 Jahren Gesellschaft, Wirtschaft und Politik prägen? b) Wie stehen Sie persönlich dazu und was wünschen Sie sich dafür?**

*Jana:* Ich glaube, die Relevanz der Digitalisierung für unser Leben können wir gar nicht hoch genug einschätzen. Die Digitalisierung „geht nicht wieder vorbei", sie ist gekommen, um zu bleiben – oder noch größere Veränderungen mit sich zu ziehen, die wir uns jetzt noch gar nicht vorstellen können. Unsere Gesellschaft, Wirtschaft und Politik haben sich ja bereits sehr stark verändert – im Vergleich zu den 80er, 90er oder auch den Nuller-Jahren. Das geht in rasendem Tempo, und wir Menschen dürfen unsere aktive und gestalterische Rolle in diesem ganzen Prozess nicht vergessen. Wie die Digitalisierung Deutschland in 25 Jahren beeinflusst haben wird? Darauf habe ich keine eindeutige Antwort! Auch wenn ich mich tagtäglich mit den Fragen und Herausforderungen und Rahmenbedingungen der Digitalisierung beschäftige, würde ich mir nicht anmaßen wollen, hier eine fundierte Einschätzung abzugeben. Ich glaube sogar, dass niemand dies mit Sicherheit (oder auch nur hoher Wahrscheinlichkeit) vorhersehen kann. Unsere Zukunft wird immer komplexer werden, das merkt man ja heute schon sehr stark. Technologische Veränderungen werden schneller eintreten und großen Einfluss auf unseren Alltag, unsere Arbeitswelt und unser Privatleben haben. Menschen, die im offenen Denken geschult sind (und hier streifen wir auch direkt die Bildungs-Frage), Menschen, die es gewohnt sind, sich immer wieder schnell und flexibel auf neue Situationen einzustellen und kreative Lösungen für Probleme zu finden, werden meiner Meinung nach klar im Vorteil sein. Das „Schema F", da bin ich mir zumindest sicher, wird schon in ganz naher Zukunft nicht mehr funktionieren. Alles geht anders – und das finde ich wiederum eine ganz beruhigende Erkenntnis. Ich persönlich stehe der Digitalisierung nicht ängstlich gegenüber. Ich fühle mich aber auch in einer Situation und Lage, sie aktiv mitgestalten zu können (Abb. 2).

*Anna:* Und da spricht Jana einen ganz wichtigen Punkt an: Nicht alle Menschen sind nämlich in dieser Lage. Die großen Veränderungen, die auf unser Land und natürlich auch global auf uns zukommen werden, bedeuten für viele Mitmenschen erst einmal Angst. Angst vor Automatisierung, vor Entlassungen, vor Entmenschlichung. Die Digitalisierung als abstraktes Konstrukt, welches über uns hineinbricht, uns überrollen kann, ist längst nicht bei allen auch positiv konnotiert. Daher sind wir politisch, unternehmerisch und auch einfach menschlich gefragt, die richtigen Rahmenbedingungen zu schaffen und die Digitalisierung nicht einfach passieren zu lassen. Wir müssen uns wichtige und fundamentale Fragen stellen: Wie wollen wir leben und arbeiten? Wie nutzen wir die Chancen von Automatisierung zum Wohle aller, nicht zum Wohle weniger? Wie gehen wir mit der Möglichkeit um, dass wir alle in Zukunft mit weniger Arbeit mehr erreichen

**Abb. 2** Digitalisierung aktiv mitgestalten: Das Team von Tandemploy. (Quelle: ©Mai/Heygster)

können? Wie können wir systemisch, zum Beispiel durch ein bedingungsloses Grundeinkommen, eine gesamtgesellschaftliche Basis für ein gutes, nachhaltiges Zusammenleben schaffen? Und wie wollen wir unser Bildungssystem neu gestalten, sodass unsere Kinder bestmöglich auf diese großen Umwälzungen vorbereitet sind? Am Ende landen wir wieder bei der „Wozu-Frage", also bei der Frage, was die Digitalisierung uns Gutes bringen kann und sollte, „wozu" wir sie eigentlich brauchen. Bei der Gestaltung dieses Wandels halte ich es mit den Worten von Arno Grün: „Mut, Herz und offenes Denken sind die Kräfte, die den Gehorsam besiegen." Wir müssen offenbleiben, menschlich bleiben, mutig sein.

**Anna Kaiser und Jana Tepe** sind die beiden Geschäftsführerinnen von Tandemploy, einem Unternehmen, das seit 2014 die Arbeitswelt auf den Kopf stellt. Das junge Berliner Unternehmen unterstützt Organisationen mit Cloud-Software bei der digitalen Transformation und nutzt dabei den stärksten Hebel, den Unternehmen haben: die eigenen Mitarbeiter und Mitarbeiterinnen. Mit seinem mittlerweile über 20-fach ausgezeichneten Tool matcht das Berliner Unternehmen innerhalb von Firmen Kollegen und Kolleginnen für einen lebendigen Wissenstransfer, Kollaborationsformen und flexible Arbeitsmodelle – und verfolgt dabei einen starken Bottom-up-Ansatz.

# Die großen Sprünge der Digitalisierung folgen erst noch

## Katharina Wolff

**Zusammenfassung**

Die Digitalisierung ist essenzieller Bestandteil des heutigen modernen Alltags. Auch in meinem persönlichen und beruflichen Leben spielt „Digitalisierung" eine entscheidende Rolle. Von den Möglichkeiten der Kommunikation bis hin zu innovativen Geschäftsmodellen befasse ich mich jederzeit mit dem Wandel und den neusten Trends. Für meinen Job ist dies enorm wichtig, da ich mit meinem Team dafür sorge, dass unsere Kunden optimal beraten sind. Ohne Digitalisierung würde es D-Level daher wahrscheinlich gar nicht geben. Wir bringen die richtigen Leute für die nächsten Schritte der digitalen Transformation in Unternehmen und beraten unsere Kunden auch strategisch. Ich freue mich in diesem Interview einen Einblick in meinen digitalen Alltag liefern zu können und den Wandel der letzten Jahre Revue passieren zu lassen.

*Persönliches*

- Kontakt: +49 (172) 42 55 949
- Geboren in Hamburg
- Nicht verheiratet, keine Kinder
- Joggerin

---

K. Wolff (✉)
D-Level GmbH, Hamburg, Deutschland
E-Mail: wolff@d-level.de

© Springer Fachmedien Wiesbaden GmbH, ein Teil von Springer Nature 2020
A. Ternès von Hattburg (Hrsg.), *Digitalisierung als Chancengeber*,
https://doi.org/10.1007/978-3-658-26893-0_10

*Das Unternehmen*

- D-Level GmbH
- Gegründet: 01. Januar 2010
- 17 Mitarbeiter, mit Digital-, Tech und/oder HR Expertise

**Was ist Ihr wichtigstes persönliches digitales Tool, das Sie nicht mehr missen möchten?**
Ich nutze diverse digitale Tools und das Schöne ist: Sie sind alle auf meinem Smartphone nutzbar: Am meisten nutze ich Slack, Office 365, WhatsApp und unsere selbstgebaute Datenbank. Vor allem die digitalen Kommunikationskanäle sind besonders wichtig, da ich viel reise und so ideal mit meinem Team im Austausch bleiben kann.

**Wie zeigt sich Digitalisierung in Ihrem a) persönlichen und b) beruflichen Alltag?**
Ich beschäftige mich fast ausschließlich mit der Digitalisierung und nutze all die Möglichkeiten und Werkzeuge, die aus ihr entstanden sind. Dadurch ist mein Alltag deutlich schneller geworden. Im Job beraten wir Kunden dabei, wie sie die führenden Digitalköpfe in ihr Unternehmen bekommen und halten, und wie sie eine Kultur schaffen, die der New-Work Arbeitsweise gerecht wird. Wir kaufen und buchen alles online, arbeiten mit einer eigens für uns gebauten Kandidatendatenbank, konsumieren Content online und kommunizieren über Online-Kanäle mit Kunden und Kandidaten. Ich kann schneller Freigaben erteilen, schneller Feedbacks bekommen und schneller Ergebnisse erzielen. Einzig Arbeitsverträge und Zeugnisse werden bei uns noch ausgedruckt.

In meinem privaten Alltag benutze ich natürlich auch enorm viele nützliche Apps, wie zum Beispiel Runtastic, Dropbox, Car2Go oder Free Now. Der einzige Content, den ich noch offline konsumiere, sind Bücher.

**Was war Ihr wichtigstes persönliches oder berufliches Erlebnis zum Thema Digitalisierung?**
Eines meiner wichtigsten Erlebnisse im Bereich Digitalisierung war mein erstes Handy – und vor allem das mobile Internet, mit dem ich plötzlich jederzeit und überall online gehen konnte.

Zudem muss ich sagen, dass WhatsApp, beziehungsweise die digitale Kommunikation im Allgemeinen, ebenfalls ein wichtiger Meilenstein der Digitalisierung für mich war. Egal wo ich auf der Welt bin, ich kann am Leben meiner Familie und meiner Freunde teilhaben und weiß immer, wie es ihnen geht.

**Wie würden Sie Ihren persönlichen Start in die Welt der Digitalisierung beschreiben?**
Die ersten Berührungspunkte hatte ich schon recht früh, da ich bereits mit 14 Jahren meine Hausaufgaben am Computer machen durfte und konnte – damals natürlich noch mit einem sperrigen PC-Tower. Meinen Start in die Welt der Digitalisierung verbinde ich aber insbesondere auch mit AOL und unserem ersten Gang ins Internet via Modem – wenn ich daran zurückdenke, höre ich noch den charakteristischen Sound, den bestimmt jeder noch in den Ohren hat. Ich kann mich noch gut erinnern, dass ich immer nur kurz ins Internet durfte, was sicherlich noch an den (im Vergleich zu heute) sehr hohen Preisen lag, die damals noch nach Nutzungszeit berechnet wurden – das ist heute kaum mehr vorstellbar.

Der nächste große Schritt war dann, dass man plötzlich gleichzeitig im Internet surfen und telefonieren konnte – zu Beginn des Internets noch unvorstellbar!

Und dann kam das Handy – mein erstes Handy war ein Siemens S6. Für diejenigen, die sich daran nicht erinnern: Das Handy hatte zwar keine Schnur und war somit tatsächlich mobil nutzbar – jedoch erinnerte es tatsächlich mehr an einen großen Knochen mit schicker Antenne. Die Jugendlichen heute würden denken, dieses Mobiltelefon käme aus der Steinzeit. Nicht zuletzt muss ich noch Snake erwähnen, das Handy-Spiel meiner Generation schlechthin!

**Was haben Sie selbst in Ihrem Unternehmen an Digitalisierung erreicht?**
Ohne Digitalisierung würden wir in dieser Form gar nicht existieren. Meine größte persönliche Errungenschaft in meinem Unternehmen ist mit Sicherheit, dass ich mir die Freiheit gönnen konnte, ein viertel Jahr von verschiedenen Orten der Welt aus zu arbeiten (u. a. New York). Dank all der digitalen Möglichkeiten der Kommunikation, die wir bei D-Level nutzen und dank all unserer Tools, auf die ich jederzeit von überall aus zugreifen kann, ist es fast, als ob ich in einem unserer Büros sitzen würde (Abb. 1). Ich konnte als digitale Nomadin unterwegs sein, ohne, dass unsere Projekte oder Kunden darunter gelitten haben.

**Was haben Sie sich für die nächsten Jahre in Sachen Digitalisierung vorgenommen bzw. wo soll Ihre digitale Reise hingehen?**
Da wir selbst komplett digital arbeiten, haben wir uns vor allem vorgenommen, unsere Kunden dabei zu unterstützen, noch digitaler zu werden. Hierzu bieten wir mittlerweile einen Digital Readiness Check an und helfen bei den Punkten, die in Bezug auf die Digitalisierung noch nicht optimal im Unternehmen laufen.

Hierzu gehört auch immer ein Ohr an den aktuellen technologischen Trends zu haben. Zudem wollen wir unseren Drucker endgültig abschaffen.

**Abb. 1** Arbeiten bei D-Level. (Quelle: D-Level)

Seit einem guten Jahr produzieren wir außerdem den Podcast „Inside Team Building" zu den Themen Change, Leadership und der Frage, wie Unternehmen erfolgreiche Teams zusammenstellen können. Das Team ist ein enorm wichtiger Faktor – das erleben wir und das erleben unsere Kunden tagtäglich. Um digital Informationen bereitzustellen, haben wir uns für dieses Format entschieden (Abb. 2).

**Wie beurteilen Sie die Relevanz der Digitalisierung für Gesellschaft, Wirtschaft und Politik: a) Wie wird Digitalisierung Ihrer Meinung nach in 25 Jahren Gesellschaft, Wirtschaft und Politik prägen? b) Wie stehen Sie persönlich dazu und was wünschen Sie sich dafür?**

a) Ich glaube, dass sich die Situation in Bezug auf die Digitalisierung in Deutschland aktuell sehr schön mit der Weizenkornlegende beschreiben lässt. Hier entwickelte Sissa ibn Dahir das Schachspiel und bekam dafür einen Wunsch gewährt. Sissa wünschte sich pro Schachfeld Weizenkörner und zwar für das erste Feld ein Korn, für das zweite die doppelte Menge, also zwei Körner und für das Dritte wiederum die doppelte Menge, also vier Körner. Dieser vermeintlich bescheidene Wunsch wurde ihm gewährt – ohne,

Die großen Sprünge der Digitalisierung folgen erst noch 103

**Abb. 2** Im Büro von D-Level. (Quelle: D-Level)

dass die exponentielle Entwicklung beachtet wurde. Anfangs sind die Schritte noch relativ gering, doch schon auf dem 35. Feld wären es über 17 Mrd. Körner – und ab dort geht es in Quantensprüngen weiter. Was will ich hiermit sagen? Einiges wurde in Bezug auf die Digitalisierung in Deutschland bereits angeschoben. Die ersten Schritte der Digitalisierung wirken trotzdem noch sehr klein. Selbst, wenn wir annehmen, dass wir aktuell bereits auf Feld 35 des Digitalisierungs-Schachspiels stehen – die großen Sprünge folgen erst noch. Jede Entwicklung bringt ein enormes Potenzial mit sich und vergrößert die Chancen und Möglichkeiten der Digitalisierung enorm. Ich glaube, dass sich in den nächsten 25 Jahren in allen Bereichen hinsichtlich der Digitalisierung weiterhin viel tun wird und dass die Optionen so vielfältig und groß sind, dass es heute nicht vorherzusagen ist, wie weit genau wir zu diesem Zeitpunkt in Sachen Digitalisierung in Deutschland sein werden.

b) Ich selbst stehe dem digitalen Wandel und den vielen neuen Möglichkeiten sehr offen und freudig gegenüber. Da ich ein aufgeschlossener und neugieriger Mensch bin, teste ich gerne alles Neue und probiere gernaus. Das heißt nicht, dass ich alles für meinen Alltag annehme, aber für mich ist es wichtig nah am

Markt zu sein und zu wissen, welche Möglichkeiten bestehen. Diese Freude an Neuem ist auch für meinen Beruf wichtig. Wenn wir Kunden beraten und von digitalen Möglichkeiten begeistern, agiere ich quasi als ein Evangelist für die Digitalisierung. Insbesondere gilt dies natürlich für die Offenheit gegenüber datengetriebenen Geschäftsmodellen.

Da ich all diese Möglichkeiten täglich sehe, habe ich natürlich auch einige konkrete Forderungen. Da unsere Digitalministerin, Dorothee Bär, eine langjährige gute Bekannte von mir ist und ich sie sehr schätze, habe ich zudem die Hoffnung, dass sich Vieles in nächster Zeit konkretisiert und Einiges umgesetzt werden kann.

Ich denke, dass Informatik als Schulfach ein fester Bestandteil in der Ausbildung unserer Kinder etabliert und schon früh in den Schulen gelehrt werden sollte. Zudem steht für mich die Digitalisierung der Behörden u. a. an vorderster Stelle. Hier hat Deutschland meines Erachtens einen Nachholbedarf und sollte das große Potenzial hinsichtlich Effizienzsteigerung und Modernisierung dringend nutzen. Ich würde mir zudem wünschen, dass die Verfügbarkeit von freiem WLAN, insbesondere in den großen Städten Deutschlands, steigt. Zudem denke ich an viele neue Möglichkeiten hinsichtlich Virtual Reality und Künstlicher Intelligenz. Die Möglichkeiten des autonomen Fahrens sind für mich ein weiterer spannender Teil des Digitalisierungsprozesses und könnten ein Baustein sein, um den drohenden Verkehrsinfarkt in unseren Großstädten zu verhindern.Last but noch least sei noch die Digitalisierung des Gesundheitswesens zu nennen. Technologien in Form von Chips oder Sonden, die Menschen in oder an ihren Körpern tragen, könnten in nicht allzu ferner Zukunft Realität werden. Frühstadien von Krebs, sich ankündigende Herzinfarkte oder überhöhte Blutzuckerwerte könnten erkannt werden, bevor diese überhaupt ernsthaften Schaden anrichten könnten. Die Frage der Datenvermittlung und des Datenzugriffs ist dabei sehr heikel und müsste detailliert geregelt werden, um Menschen vor Informationsmissbrauch zu schützen. Dies, wie so Vieles im Zusammenhang mit der Digitalisierung, ist eine politische Aufgabe. Wir, die wir in der Digital-Wirtschaft zuhause sind, legen weiterhin unser Ohr an die Schiene des digitalen Schnellzuges und erinnern die Politik hin und wieder daran, diese vielen Fragen in Sachen Digitalisierung nicht aus den Augen zu verlieren.

**Katharina Wolff** gründete 2010 mit 26 Jahren die Personalberatung D-Level, die sie bis heute führt. Die Hamburger Juristin war 2011 bis 2015 Abgeordnete in der Hamburger Bürgerschaft und unter anderem für Netzpolitik und Gleichstellung zuständig. Seit Juli 2018 ist Katharina Wolff Host von "Inside Team Building", dem Podcast rund um People, Leadership und Change. **D-Level** gilt als eine der führenden Personalberatungen für Führungskräfte in der digitalen Wirtschaft mit Sitz in Hamburg. Zum Kundenstamm gehören DAX-Konzerne, marktführende Mittelständler, sowie innovative Startups. Neben dem klassischen Personalgeschäft berät D-Level eine Vielzahl von Gründern, sowie Unternehmen rund um die digitale Transformation und in den Bereichen Organisationsentwicklung und Arbeitgebermarke.

# Networking Woman – mit Frauenpower die Wirtschaft verändern

Anke Herbener

> **Zusammenfassung**
>
> Die Digitalisierung ist ohne Zweifel der größte Wandlungsprozess unserer Zeit. Sie ist Weltenwandler, Motor für Veränderung, der auf alle gesellschaftlichen Ebenen Einfluss nimmt. Sie bringt die Menschen zusammen, erleichtert die Kommunikation, betrifft Gesellschaft, Wirtschaft, Politik. Diesen Wandel zu begreifen und als Digital Native der ersten Stunde von Beginn an mitzuerleben, begeistert mich und treibt mich an. Als Gründerin und CEO von Digital Changers habe ich das Privileg, andere Unternehmen in der Digitalisierung zu unterstützen und sie erfolgreich zu machen. Am Ende müssen sich alle Unternehmen digitalisieren und folgerichtig bietet das auch Frauen die Möglichkeit, ihren Erfolg sichtbar in andere Wirtschaftszweige hinein zu transportieren und Führungspositionen einzunehmen. Dazu ist eines besonders wichtig: Frauen müssen Frauen unterstützen!

*Persönliches*

- Wohnhaft in Köln, verheiratet, eine Tochter
- Interessen: Zeit mit meinem Mann und unserer Tochter verbringen, intensive Begegnungen mit Freunden, Spaziergänge mit unserem Hund Sam, Fernreisen (am liebsten nach Hawaii) und einfach mal selber kochen

---

A. Herbener (✉)
Digital Changers GmbH, Köln, Deutschland
E-Mail: anke.herbener@digitalchangers.com

© Springer Fachmedien Wiesbaden GmbH, ein Teil von Springer Nature 2020
A. Ternès von Hattburg (Hrsg.), *Digitalisierung als Chancengeber*,
https://doi.org/10.1007/978-3-658-26893-0_11

*Das Unternehmen*

- Digital Changers GmbH
- Gegründet: 2017
- Team aus Experten in den Bereichen Beratung, Kreation, Marketing, Commerce, Transactions, Artificial Intelligence und Deep Learning

**Statement**

„Digitalisierung ist weiblich" – diese These hat mich motiviert, meinen Werdegang als Digital Native der Digitalbranche rückwirkend anzuschauen. Vor der Beantwortung von Fragen, frage ich mich selbst: Wie bin ich die geworden, die ich heute bin? Was waren meine wichtigsten Learnings? Was will ich weitergeben?

▶ Ich habe nie Angst gehabt, Verantwortung zu übernehmen. Das ist meines Erachtens die Grundvoraussetzung für eine Karriere.

Mein Vater war erfolgreicher Journalist. Er hat mich früher oft in die Redaktion mitgenommen. Von ihm habe ich gelernt, wie man führt.

▶ Führen heißt für mich Visionen und Ziele zu geben, in einem Ambiente gegenseitiger Wertschätzung meinen Mitarbeitern die größtmögliche Freiheit zu gewähren und nur einzugreifen, wenn irgendetwas wirklich schiefläuft.

Als Frau auf dem Weg ins Management einer Digitalagentur ist man hier in Deutschland davon abhängig, dass es Männer gibt, die Frauen auch in der Wirtschaft als gleichwertig akzeptieren und zulassen, dass wir auf höchster Ebene mit ihnen zusammenarbeiten. – Da oben sind (fast) keine Frauen. Am Ende haben nicht Frauen mich in meiner Karriere unterstützt, sondern Männer, die mein Potenzial erkannt haben und gerne gleichberechtigt mit mir zusammengearbeitet haben. Das waren oft Männer, die erkannt haben, dass es wichtig und richtig ist, Frauen in Führungspositionen zu bringen, weil die Zusammenarbeit mit ihnen andere Herangehensweisen an Probleme beinhaltet und andere Perspektiven eröffnet, als Männer unter sich sie etabliert haben.

▶ Für mich sind derzeit Männer die Helden, die Frauen unterstützen.

Hier muss eine Veränderung stattfinden in unserer Gesellschaft. Frauen gehören gerade auch in der Wirtschaft in Führungspositionen, weil sie Dinge anders sehen, andere Inputs geben und oft auf andere Weise organisieren. Ich glaube, dass die Digitale Wirtschaft sehr gut geeignet ist, für diesen Veränderungsprozess ein Fundament zu bilden. Deshalb ist es wichtig, dass Frauen hier erfolgreich sind. Am Ende müssen sich gerade alle Unternehmen digitalisieren und folgerichtig bietet das die Möglichkeit für Frauen, ihren Erfolg sichtbar in andere Wirtschaftszweige hinein zu transportieren. Dazu ist eines besonders wichtig:

▶ Frauen müssen Frauen unterstützen!

Frauen setzen zu oft auf Wettbewerb. Das müssen sie sehen, erkennen und verändern. Stutenbissigkeit ist nicht gefragt. Mich mit Frauen zu unterhalten erlebe ich oft als kompetitiv: „Was hast du gemacht? Was habe ich gemacht? Ja, wir kommen uns da nicht in die Quere!"

So denken Männer überhaupt nicht. Sie stehen auch im Wettbewerb und sind auch kompetitiv. Aber sie können ebenso gut zusammenhalten und sich miteinander verbinden, um ein bestimmtes Ziel zu erreichen. Das machen Frauen nicht so schnell. Männer sind gut darin, sich gegenseitig Möglichkeiten zu zeigen, Jobs zu vermitteln, sich gegenseitig zu positionieren und sich zu helfen: „Ich hab' dir geholfen, dann kannst du mir jetzt helfen." Hier liegt für uns Frauen ein großes Entwicklungspotenzial.

▶ Mich gleichwertig zu fühlen, habe ich auf internationalem Parkett gelernt.

Wenn ich nicht in einem internationalen Umfeld gearbeitet hätte, hätte ich niemals die Chance bekommen, so erfolgreich zu sein. Erst hier habe ich gemerkt, wie selbstverständlich es ist, dass Frauen führen und dass mein Herkunftsland in dieser Hinsicht eher mittelalterlich gestaltet ist.

Im internationalen Umfeld ist es gelernt und völlig akzeptiert, dass Frauen als CEO tätig sind. Ich habe mit vielen Frauen zusammen gearbeitet, die eine vergleichbare oder größere Agentur geführt haben. In den USA, den Nordics (Schweden, Dänemark, Finnland) und großen Teilen Europas ist das Standard. Es ist nur in Deutschland und im deutschsprachigen Raum (Schweiz, Österreich) noch nicht angekommen.

Ich bin mit 32 Jahren schon Vorstand geworden, habe fleißig gearbeitet, mich verausgabt, alles gegeben und dachte, das reicht. Es war mein Mann, der mich darauf aufmerksam gemacht hat, dass ich parallel dazu eine andere Aufgabe nicht vernachlässigen darf, um das Erarbeitete zu streuen und zu stabilisieren: das Netzwerken.

▶ Ein Netzwerk zu haben und es zu pflegen ist unerlässlich, um erfolgreich zu sein.

Männer gehen in Businessclubs, machen ihre Geschäfte unter sich. Das ist über Jahrhunderte geübt. Da sind wir Frauen noch nicht angekommen. Es ist als Frau auch nicht leicht, sich dazu zu motivieren. Wenn man auf Netzwerkveranstaltungen der höheren Führungsebenen geht, wo zu 95 % Männer sind, steht man oft buchstäblich alleine da und hält sich an seinem Sektglas fest. Die Männer kennen sich untereinander und du bist erstmal ein Fremdkörper. Du bist auch hier darauf angewiesen, dass Männer dich in ihren Kreis aufnehmen, dass sie sich zu dir stellen und mit dir sprechen. Es gehört als Frau dazu, zu lernen, aktiv in einen Kreis hinein zu treten, mit Männern Smalltalk zu führen, auch mal über Fußball zu reden und für „Männerthemen" offen zu sein. Mir ist das anfangs schwergefallen.

▶ Ich musste mich als Frau beim Kunden deutlich mehr behaupten als Männer das müssen.

Ich hab einmal erlebt, dass ein Einkäufer eines großen internationalen börsennotierten Konzerns mich direkt gefragt hat, wie ich denn zu meiner Position gekommen sei, mit wem ich dafür ein Verhältnis gehabt hätte. Auch in solch einer Situation muss man als Frau lernen, nicht das Klischee zu erfüllen, zickig oder eingeschnappt zu sein. Ich habe tief durchgeatmet und das klargestellt. Am Ende habe ich durch ihn viel Respekt und Unterstützung erfahren. Hier lohnt es sich, ruhig zu bleiben.

In letzter Zeit ist es mir oft passiert, dass ich gefragt werde, wie man das denn als Frau so schafft mit der Kinderbetreuung. Dann stelle ich immer die Rückfrage: „Wie sind Sie denn organisiert?" Spätestens da wird den Männern klar, dass die Frage eigentlich nicht angebracht ist, weil gesellschaftlich heute schon Konsens ist, dass man sich gemeinsam um die Kinder kümmert und gemeinsam organisiert. Die Verantwortung tragen beide Partner. Viele Eltern arbeiten auch beide, um ihren Kindern zum Beispiel eine gute Ausbildung zu ermöglichen. Auch alleinerziehende Mütter haben ein Recht auf Karriere, deshalb muss es in Deutschland ein noch umfassenderes Ganztagsbetreuungsangebot geben. Auch da sind uns viele europäische Länder voraus.

▶ Um als Frau mit Familie Karriere zu machen, ist eine gute Aufteilung der Verantwortung unter den Partnern eine Grundvoraussetzung. Genauso wichtig ist ein öffentliches Ganztagsbetreuungsangebot.

Das zu organisieren ist nicht immer leicht. Weibliche CEOs sind so selten, dass es für Vorstände von Aktiengesellschaften nicht einmal einen gesetzlichen Mutterschutz gibt. Ich habe bis einen Tag vor der Geburt meiner Tochter gearbeitet und bin nicht sonderlich stolz darauf.

Mein Mann ist in einer Führungsposition in der alteingesessenen Wirtschaft. Er arbeitet für eine große Brauerei. Als er bei seinem Arbeitgeber Elternzeit für 6 Monate eingereicht hat, war er der erste seiner Art. Das war mutig von ihm und letztlich hat seine Firma ihn nach dem ersten Erstaunen wirklich unterstützt. Mir hat das ermöglicht, meinen Beruf und meine Karriere quasi nahtlos fortzuführen. Das hat funktioniert. Nach meiner Erfahrung verstärkt die Familie gerade bei Frauen die berufliche Leistungsfähigkeit. Organisiert und konzentriert Teilzeit arbeitende Frauen mit Familie sind oft effektiver als Vollzeitkräfte, finden schneller Lösungen. Sie haben innerfamiliär gelernt, sich zu strukturieren.

**Was ist Ihr wichtigstes persönliches digitales Tool, das Sie nicht mehr missen möchten?**
Das meistgenutzte Tool ist mein Smartphone. Mit ihm arbeite ich, kommuniziere mit Freunden und Familie, bezahle, gucke Filme, höre Musik und nutze Apps, die mir im täglichen Leben helfen.

**Wie zeigt sich Digitalisierung in Ihrem a) persönlichen und b) beruflichen Alltag?**
a) Es gibt kaum mehr einen Bereich, in dem sie sich nicht zeigt: Netflix oder Amazon Prime statt Fernsehen, Youtube Kanäle Streamen, der Staubsauger fährt von alleine durchs Wohnzimmer, alle Geräte sind vernetzt. – Wenn Abläufe erleichtert werden, nutze ich alles, bin persönlich sehr offen und sehe auch das Potenzial und die Weiterentwicklungsmöglichkeiten.
b) Beruflich beschäftigt mich die Digitalisierung rund um die Uhr, weil ich Unternehmen dabei unterstütze, sich zu digitalisieren. Es ist spannend, auch die Möglichkeit zu haben, viele Branchen kennen zu lernen, branchenbezogene digitale Innovationen mitzugestalten. Auch hier vernetzt sich alles, unvorstellbares Datenvolumen wird ausgetauscht. – Am Ende ist die ganze Welt digital. Persönliches und Berufliches lässt sich gar nicht mehr wirklich trennen.

**Was war Ihr wichtigstes persönliches oder berufliches Erlebnis zum Thema Digitalisierung?**
Am spannendsten fand ich in den letzten Jahren Teil dessen zu sein, wie Unternehmen selber die Digitalisierung durchleben. Wir haben alle angefangen und verstanden: Es gibt ein Internet und da muss man präsent sein, muss eine

Webseite haben, muss zu finden sein, muss gegoogelt werden können. – Dann hat die Digitalisierung solche Fahrt aufgenommen durch Innovationen, Weiterentwicklungen, Lösungen, Produkte, dass am Ende alle Unternehmen dazu gezwungen wurden und werden, sich neu zu definieren, ihre Produkte neu zu definieren, sich in früher unabsehbarem Umfang zu digitalisieren. Die Welt digitalisiert sich. Das zu begreifen und als Digital Native der ersten Stunde von Beginn an mitzuerleben, begeistert mich und treibt mich an.

**Wie würden sie Ihren persönlichen Start in die Welt der Digitalisierung beschreiben?**
Ich habe '91 angefangen Jura zu studieren. Da musste man ellenlange Hausarbeiten schreiben und meine Eltern waren so großzügig und haben mir einen tollen Computer gekauft, einen 4/86 mit Windows – das war damals der Hit. Mit Windows war ich dann auch das erste Mal im Internet.

Ich kann mich gut an das Gefühl erinnern, als ich die ersten Webseiten aufgemacht habe. Das war schon eine Sensation. Dann ging es weiter: die ersten Apps, das iPhone, Social Media.

▶ Ich war immer neugierig und habe immer alles ausprobiert und diese Neugier gehört mit dazu. Es ist wichtig, dass man sie in der Organisation und Unternehmenskultur verankert.

Es war mir ganz wichtig, in meiner Firma zu verankern, dass alle Mitarbeiter neugierig sind, alles ausprobieren, Innovationen auf dem Markt lesen, um selbst zu verstehen, was sie bedeuten.

**Was haben Sie selbst in ihrem Unternehmen an Digitalisierung erreicht?**
In beiden Unternehmen, sowohl in der Agentur als auch jetzt in meinem eigenen Unternehmen, besteht mein Kerngeschäft darin, Unternehmen in der Digitalisierung zu unterstützen und sie erfolgreich zu machen – das ist sozusagen unsere DNA.

**Was haben Sie sich für die nächsten Jahre in Sachen Digitalisierung vorgenommen bzw. wo soll ihre eigene digitale Reise hingehen?**
Ich fände es schön, wenn die Reise so weitergeht und ich viele Menschen, Unternehmen und Marken bei der Digitalisierung unterstützen kann, Innovationen mit hervorbringen kann. Das ist unglaublich spannend und nicht so gut planbar. Ich freue mich auf diese Zeit und meine Basis für diese Freude ist meine Erfahrung, Neugier und Flexibilität. Ich freue mich auch darauf, mit tollen Menschen

zusammenzuarbeiten, mit Digitalexperten gemeinsam Innovationen voranzutreiben und Frauen zu unterstützen, familienfreundlich zu arbeiten, Frauen wie Männern Elternzeiten zu ermöglichen. Ich freue mich darauf, Frauen unter meine Fittiche zu nehmen und gemeinsam Karrieremöglichkeiten zu erkunden.

**Wie beurteilen Sie die Relevanz der Digitalisierung für Gesellschaft, Wirtschaft und Politik: a) Wie wird Digitalisierung Ihrer Meinung nach in 25 Jahren Gesellschaft, Wirtschaft und Politik prägen? b) Wie stehen Sie persönlich dazu und was wünschen Sie sich dafür?**
Die Digitalisierung ist ohne Zweifel der größte Wandlungsprozess unserer Zeit. Sie ist Weltenwandler, Motor für Veränderung, der auf alle gesellschaftlichen Ebenen Einfluss nimmt. Sie bringt die Menschen zusammen, erleichtert die Kommunikation, betrifft Gesellschaft, Wirtschaft, Politik.

▶ Wenn ich Deutschland im Zusammenhang mit anderen Ländern sehe, würde ich mir wünschen, dass deutsche Unternehmen noch mutiger werden, sich der Digitalisierung zu stellen.

Das bedeutet, wirklich schneller digitale Innovationen auf den Markt zu bringen, Prozesse zu digitalisieren, Produkte zu digitalisieren. Da sehe ich in vielen Bereichen, dass Deutschland zurückhängt. Unsere wirtschaftliche Lage ist derzeit extrem positiv. Vielen alteingesessenen Branchen geht es sehr gut. Das führt dazu, dass man nicht so fokussiert darauf ist, die Digitalisierung für sich zu erkennen und zu nutzen. Der Wettbewerb hat sich aber von Grund auf verändert, ist wirklich global geworden und extrem disruptiv. Man hat nicht nur die alten Wettbewerber, sondern neue Unternehmen wie Google, Facebook, die neue Produkte auf den Markt werfen, mit denen man nicht gerechnet hat und die auf einmal in hartem Wettbewerb zu einem stehen. Das muss man beobachten und sehen. Beispielhaft hat z. B. Tesla die ganze Autobranche aufgemischt und hat jetzt auch keine Ängste, die Energiebranche aufzuwirbeln und zu challengen. Elon Musk ist gar nicht begrenzt in dem, was er sieht und ausprobiert. Dazu gehört es auch, manchmal zu scheitern. Auch Teslaautos explodieren mal. Aber er treibt durch seine Innovationen den Markt voran. Hier hängen wir in Deutschland wirklich hinterher. Das macht mir Sorgen. Die Deutschen sind nicht so mutig, sich auch scheitern sehen zu können.

▶ Ich glaube, dass die Digitalisierung gerade auch damit zu tun hat, Dinge auszuprobieren, zu scheitern und dann daraus zu lernen, neu anzusetzen und sich weiterzuentwickeln.

Das entspricht nicht dem deutschen Naturell. Hier ist besonders die Politik stark gefragt, für Deutschland die Digitalisierung zu erkennen und gerade auch gesetzliche Rahmenbedingungen zu schaffen, eine entsprechende Infrastruktur aufzubauen, um Weiterentwicklung zu ermöglichen. Unternehmen müssen bei der Digitalisierung unterstützt werden, wenn Deutschland innerhalb Europas wettbewerbsfähig bleiben will. Ebenso wie die Europapolitik, wenn Europa weltweit wettbewerbsfähig bleiben will. Das wird dazu führen, dass Menschen nicht mehr in dem Job tätig sein können, in dem sie jetzt arbeiten. Das bedeutet nicht, zu unken, dass Millionen von Menschen ihre Arbeit verlieren werden. Es werden einige ihre Arbeit verlieren. Aufgabe der Politik ist es, das jetzt zu erkennen und gemeinsam mit den Unternehmen wirklich in Weiterbildung zu investieren. Es darf nicht mehr vor allem darum gehen, an alteingesessenen Wirtschaftszweigen festzuhalten und diese zu subventionieren. Zur Aufgabe der Politik in Zusammenarbeit mit der Wirtschaft gehört es, jetzt zu erkennen, welche Arbeitsplätze und welches Know-how in Zukunft von Nöten sind.

Leider sieht man gerade auch in unserer Politik, dass einfach sehr wenige Menschen Digitalisierung verstehen. Das bedeutet: man muss Experten zurate ziehen und das breit angehen. Menschen werden, wenn ihnen neue, einfachere Lösungen für Altgelerntes angeboten werden, diese auch in Zukunft nutzen und altbekannte, lang gewachsene Marken zurücklassen, wenn sie sich nicht mit der Digitalisierung mit entwickeln. Außerdem müssen Politik und Gesellschaft erkennen, dass es wichtig ist, Frauen in Wirtschaft und Gesellschaft zur Not auch mit Quoten zu unterstützen.

Die Digitalprägung lässt sich nicht mehr aufhalten. In der Digitalisierung kann man nicht in Zeiträumen von 25 Jahren denken – das ist Glaskugellesen. Die Digitalisierung ist so schnell, dass man schon jetzt nicht sagen kann, was in 3–5 Jahren wirklich passiert, weil sich so vieles verändern wird.

In 25 Jahren wird die Welt meiner Meinung nach völlig digital und vernetzt sein und wir werden Dinge und Gegenstände, die wir heute nutzen, entweder gar nicht mehr haben oder ganz anders nutzen. Wir werden uns in virtuellen Räumen treffen, es wird selbstfahrende Fahrzeuge, selbstfliegende Flugzeuge und die 3. Generation von „Drohnen" geben. Sehr viele ethische Fragen werden einhergehen mit Fragen nach Verkehrsregeln in der Luft und auf der Erde. Eine gläserne, vollständig datentransparente Gesellschaft wird neuer Regelungen bedürfen und Schutz.

Gleichzeitig wird es gesellschaftlich festgelegte bewusste Auszeiten von der Digitalisierung geben müssen. Menschen werden wieder alte Dinge spüren wollen. Sehnsüchte nach einfachem Leben in einer einzigen Zeitschiene werden aufkommen und Raum fordern. Bewohner der digitalen Hochgeschwindigkeitswelt brauchen Oasen, um sich zu erholen. Das wird sich verstärken und es ist wichtig für diese Gesellschaft, dass sie beides hat: Das Bewusstsein für das Alte, Anfassbare und Fühlbare und trotzdem die Neugier und den Gewinn der Innovationen.

Wenn ich mir überlege, in was für einer Welt meine kleine Tochter in 25 Jahren leben wird, sehe ich sie durch virtuelle Räume spazieren, in denen sie riechen, fühlen und schmecken kann, sich mit ihren Freunden trifft und austauscht. Sie wird an einem Tag Geschäfte in Tokio, Montreal, Moskau und Köln machen können und den Abstand zwischen diesen Räumen mit anderen Augen wahrnehmen und mit anderen Möglichkeiten überwinden, als ich sie erträumen könnte. Ich hoffe, dass ihr dennoch der reale menschliche Kontakt nicht fehlt, dass sie weiß, was es bedeutet, sich die Hände zu schütteln, sich zu umarmen und zu küssen, wenn man sich begegnet. – Es wird eine große Aufgabe sein, unsere Kinder und alte Menschen vor Isolation und vor dem Abtauchen in reine digitale Welten zu bewahren.

Ich fand es als Kind schön, durch Parks zu streunen, auf dem Spielplatz zu sein und mit meinen Freunden auf der Straße Rollhockey zu spielen – auch das wünsche ich mir für meine Tochter. Erziehung wird wie Politik immer wieder neue Rahmenbedingungen und Regeln brauchen und Systeme finden müssen, auf neue Entwicklungen viel schneller zu reagieren als das heute möglich ist.

Ich wünsche mir, dass meine Tochter das beste von der Digitalisierung mitnimmt, dass Dinge für sie erleichtert werden, dass sie auf andere Weise als ich in der ganzen Welt zu Hause ist, dass sie aber auch ein Stück meines Lebens mitbekommt, den Grasboden unter ihren Füßen nicht verliert.

**Anke Herbener** war 9 Jahre lang CEO DACH und Mitglied des internationalen Management Teams von DigitasLBi, einer weltweit agierenden Digitalagentur. Seit 2017 ist sie CEO & Founder der Digital Changers GmbH, einer Unternehmensberatung & Agentur, die Unternehmen und Marken bei ihrer digitalen Transformation und Ausrichtung strategisch berät und die Umsetzung durchführt und begleitet. Die Basis ihrer Arbeit bildet ihr Interesse an der Digitalisierung allgemein sowie im gesamtwirtschaftlichen und nicht zuletzt im gesellschaftlichen Kontext. Sie engagiert sich in der Zusammenarbeit mit Wissenschaft und Verbänden, u. a. als Vorsitzende des Fachkreises der Digitalagenturen im Bundesverband Digitale Wirtschaft (BVDW), sowie als Sprecherin auf Konferenzen und Jurorin von nationalen und internationalen Awards.

# Veränderung lässt sich nicht aussitzen

Fränzi Kühne

**Zusammenfassung**

Die Digitalisierung ist Treiber einer Veränderung, die ganz neue Situationen und Fragestellungen mit sich bringt. Die Gesellschaft in ihrem Sinne zu verändern, sie informiert und entscheidungsfähig zu machen, ist die wichtigste Aufgabe unserer Zeit. Ich möchte dort, wo ich lebe und arbeite, ein Bewusstsein dafür schaffen, dass sich Veränderung nicht aussitzen lässt. Sie braucht Mut und Neugier und die Bereitschaft, mit Gewohnheiten und Traditionen zu brechen. Die gesamte TLGG-Agenturgeschichte – von der ersten Social-Media-Agentur über die Agentur für digitale Transformation hin zur Agentur für digitales Business – ist eine solche konstante Weiterentwicklung, die wir immer wieder angestoßen haben, um der Branche, dem Markt und auch uns selbst zwei Schritte voraus zu sein. Denn uns treibt Digitalisierung genauso wie wir sie.

*Persönliches*

- Berlinerin
- Mutter einer Tochter
- Mitglied des Stiftungsrates der AllBright Stiftung

---

F. Kühne (✉)
TLGG GmbH, Berlin, Deutschland
E-Mail: fraenzi@tlgg.de

*Das Unternehmen*

- Torben, Lucie und die gelbe Gefahr (TLGG) GmbH
- Gegründet: 19. Juni 2008
- 200 Mitarbeiter, alle arbeiten strategisch und kreativ an businessrelevanten digitalen Projekten
- Dazugehörig: Schwesteragentur RAPP Berlin, Beratung TLGG Consulting in Berlin und New York

**Was ist Ihr wichtigstes persönliches digitales Tool, das Sie nicht mehr missen möchten?**
Mein wichtigstes Tool ist eigentlich kein Tool, sondern ein Werkzeugkasten. Mein Telefon ist ein leistungsfähiger Computer, der mir das Leben enorm erleichtert. Die wichtigsten Apps darauf: Kalender, Emails, Facebook und Instagram. Privater und beruflicher Kalender, jeweils geteilt mit den wichtigen Partnern, machen die Organisation der Tage überhaupt erst möglich. Facebook ist mein Newsstream, die wichtigsten Neuigkeiten, für mich vorgefiltert. Und Instagram ist eine Plattform, die viele für oberflächlich halten mögen. Aber hier kann ich meine Zielgruppe direkt erreichen und nicht nur bunte Bilder teilen, sondern Veränderungen anstoßen.

**Wie zeigt sich Digitalisierung in Ihrem a) persönlichen und b) beruflichen Alltag?**
Was Digitalisierung ja gerade so spannend macht: dass sie als Prozess nur selten sichtbar ist, ihre Ergebnisse dafür um so klarer. Nehmen wir nur mein Telefon und die Möglichkeiten, die es mir bietet. Das ist ja eine Plattform, die sich in den letzten zehn Jahren immer weiterentwickelt hat – vieles, was die Welt heute von der Welt vor zehn Jahren unterscheidet, wäre ohne Smartphones und die dazugehörigen Ökosysteme in der Form kaum möglich. Nicht dass es vor 2007, dem Geburtsjahr des iPhones, keine Plattformen gegeben hätte. Aber mit dem iPhone, dem Nachziehen durch Android, den dazugehörigen Apps und den neuen Übertragungsstandards im mobilen Netz lernten sie laufen und kamen schließlich überallhin.

Bei TLGG, in meinem beruflichen Alltag und meinem Arbeitsumfeld stelle ich fest, dass sich im Grunde gar nicht wahnsinnig viel verändert – eben auch deshalb, weil wir 2008 ja schon sehr digital gestartet sind. Wir benutzen im Grunde die gleiche Hardware, nur verbessert, und auch unsere Software hat sich zwar verändert und verbessert, aber die Grundprinzipien sind die gleichen geblieben. Wir waren da tatsächlich einfach sehr früh dran und haben unsere Arbeitswelt von

Anfang an auch an unserer privaten Nutzung von Tools und Geräten ausgerichtet: Man arbeitet eben, wie man es kennt.

Auf Kundenseite zeigt sich nach mehr als zehn Jahren Agenturarbeit vor allem ein gewaltiger und nachhaltiger Wissensschub. Quantität und Qualität der Anfragen zu Digitalisierung sind deutlich gestiegen. Weil die Basis geschaffen ist, kann jetzt weiter und komplexer gedacht, aber auch produziert werden. Kommunikation findet auf viel größeren Plattformen statt. Und strategisch geht es bis ins kleinste Detail ums große Ganze.

**Was war Ihr wichtigstes persönliches oder berufliches Erlebnis zum Thema Digitalisierung?**

Den Grad und die Geschwindigkeit digitaler Veränderung spürt man immer dann, wenn man an solche Schlüsselmomente zurückdenkt und merkt, wie alltäglich und profan sie heute wirken. Ich erinnere mich an LesMads, den Blog von Jessica Weiß und Julia Knolle, den ersten und wichtigsten deutschen Modeblog. Den hab ich sehr geliebt. Da bin ich 2007 einmal auf Schuhe gestoßen, die mir gefielen. Die habe ich mir dann – und jetzt wird es krass – online gekauft! Das war das erste Mal, dass ich so eine Entscheidung online getroffen und direkt umgesetzt habe. Erstes großes Shoppingerlebnis, direkt rein in den Purchase Funnel. Die Schuhe habe ich noch heute. Allerdings nicht wegen ihrer enormen Digitalisierungssymbolik – es sind einfach gute Trekking-Schuhe.

Es ist verblüffend, wie banal das heute klingt. Niemand denkt, wenn man gerade in der U-Bahn den Wocheneinkauf erledigt oder nach Urlaubsideen sucht: „Ist das krass, ist das anders als früher, das muss diese Zukunft sein!" So behäbig die Anpassung traditioneller Strukturen auf der Unternehmensebene oft läuft, so schnell läuft die Integration neuer Ideen, Plattformen, Produkte auf der privaten Ebene. Und dort entstehen neue Arten des Konsums, neue Kommunikationswege und eine Vielzahl neuer Ansprüche an Anbieter, an Unternehmen und Marken und schließlich auch an andere gesellschaftliche Akteure wie den öffentlichen Dienst und die Verwaltung.

Wenn man von „Digitalisierung" spricht, wird nicht immer deutlich, wie viele unterschiedliche Entwicklungen hier zusammenkommen. Nur ein Beispiel: Ich selbst bin ja sehr gadget-affin und immer für neue Dinge, Tools und Spielzeuge zu haben. Wenn der Investor Chris Dixon 2010 postuliert, dass *the next big thing will start out looking like a toy*, dann gilt das heute nicht weniger. Nicht zuletzt, weil gerade in diesem Bereich sehr deutlich wird, wie sich Prozessorleistung und Herstellungskosten komplett gegenläufig entwickeln; wo traditionell ganze Industrien arbeiten, entstehen heute kleine, „private" Betriebe. Sieht man sich allein auf Crowdfunding-Plattformen um, ist schon beeindruckend, was für leistungsfähige

Produkte da von kleinsten Teams entwickelt und umgesetzt werden. Dass so etwas immer noch futuristisch wirkendes wie Drohnen dabei schon zum etwas langweiligen Standard gehört, spricht Bände.

Mit TLGG gab es einen solchen Moment auf einer deutlich höheren Ebene, als wir mit E.ON das Thema „Digitale Transformation" zum ersten Mal in ein so großes Unternehmen gebracht haben, in vielen Bereichen, von der Visionsentwicklung bis rein in die organisationale Umsetzung. Es ging um die veränderte Teamkommunikation, um neue Prozesse, um interne Netzwerke, um ein neues Produktportfolio und schließlich um eine neue, ganz dem Thema „Digitale Transformation" gewidmete Konzerneinheit. Auch wenn bei Weitem nicht jeder unsere Impulse zu einem Projekt wurde, nicht jedes Projekt komplett realisiert wurde und wir bei der ganzen Unternehmung auch viel lernten, war es beeindruckend zu sehen, wie viel wir können und wie sehr man uns auch vertraut.

**Wie würden Sie Ihren persönlichen Start in die Welt der Digitalisierung beschreiben?**
Meine erste Mailadresse habe ich an der Universität in Yale eingerichtet, zu Beginn des Schulaustauschs. Da hat dann bei einem Vorbereitungstreffen jemand gesagt: Du brauchst das jetzt. ratteerika@hotmail.com. Das war meine erste Mailadresse und dann konnte ich mit meinen Eltern hin und her schreiben. Aus heutiger Sicht schön altmodisch und museal, mit Modem und all den Einwählgeräuschen, deren Bedeutung meine Tochter nie verstehen wird.

Ansonsten war der Computer für mich recht lange kein besonderes Werkzeug, eher eine Ablage für meine vielen Fotos und eine Schreibmaschine mit Bildschirm. Auch mit Internetverbindung war ich da nie der Foren- oder Surfertyp. Das änderte sich mit StudiVZ, als Netzwerke entstanden, die eben nicht primär auf Interessen aufbauten wie viele Foren zuvor, sondern Bekanntschaften und Freundeskreise online nachbildeten. Da hatte es mich ganz schnell, da wurde es interessant. Und dann wurde es auch sehr schnell beruflich.

**Was haben Sie selbst in Ihrem Unternehmen an Digitalisierung erreicht?**
Die gesamte TLGG-Agenturgeschichte – von der ersten Social-Media-Agentur über die Agentur für digitale Transformation hin zur Agentur für digitales Business – ist eine konstante Weiterentwicklung, die wir immer wieder angestoßen haben, um der Branche, dem Markt und auch uns selbst zwei Schritte voraus zu sein. Da treibt uns Digitalisierung genauso wie wir sie. Nur dass es weniger darum geht, wie oder mit welchen Werkzeugen wir arbeiten, sondern um die Themen, mit denen wir uns beschäftigen, und das Wissen, das wir dafür benötigen.

Dabei geht es uns auch darum, reine Routine zu vermeiden. Wir arbeiten in einer Welt, einer Branche im Umbruch, und uns war früh klar, dass wir mehr wollen, als rein briefingbasiert bunte, tolle Sachen zu posten. Das äußerte sich zunächst in immer besserer, noch immer hervorragender Strategie und Kreation für Marken und Unternehmen. Aber wir wussten immer: Wenn wir Bestand haben und das Konzept „Digital" zu unserem Inhalt machen wollen, dann müssen wir in die Unternehmen, hoch auf Vorstandsebene. Das war für uns ein logischer Schritt, der am konkretesten dann in der Arbeit für E.ON wurde.

Das war auch der Punkt, an dem unsere Ansprüche, Annahmen und Vorstellungen in verschiedenen Unternehmen zum ersten Mal umfassend auf dem Prüfstand standen. Wie gesagt und ohne in vertrauliche Details zu gehen: Wir haben da viel gelernt. An vielen Stellen haben wir Bestätigung erfahren und festgestellt, dass wir auf dem richtigen Weg sind. Aber wir haben genau so oft festgestellt, dass es eben nicht reicht, eine gute Idee und eine sicher richtige Zielvorstellung zu haben. Wir haben viel über Change Management gelernt und über die oft knappen Zeithorizonte, die für große Unternehmen handlungsrelevant sind.

Für unsere Arbeit und unsere Teams bedeutete die Ausrichtung an einem Agenturkonzept, das weit über die Kommunikationsarbeit hinausging, eine sehr breite Aufstellung. Das war gerade in Zeiten des Wachstums nicht immer leicht. Aber wir hatten immer ein großes Team aus klugen Generalisten, Männern und Frauen, die generell viel wussten und konnten, und in einigen Gebieten eben echte Experten waren oder es wurden. Darin liegt in Sachen Digitalisierung für mich der größte Erfolg. Es ist nicht so sehr eine Technologie, eine Methode oder ein Projekt, auf das ich besonders stolz bin. Sondern es ist der Erfolg, diese Teamentwicklung, Ausrichtung und Kultur über die Jahre und die Wachstumsphasen weitgehend aufrecht erhalten zu haben (Abb. 1).

**Was haben Sie sich für die nächsten Jahre in Sachen Digitalisierung vorgenommen bzw. wo soll Ihre digitale Reise hingehen?**
Meine digitale Reise ist ja eng verknüpft mit der Arbeit am Thema Digitalisierung. Und da sind der Anspruch an mich und der Anspruch an die Menschen und Unternehmen, mit denen ich arbeite, relativ klar und konstant geblieben: Es geht mir nicht um die penible Vorbereitung auf ein bestimmtes digitales Szenario, sondern darum, sich generell auf grundlegende Veränderungen einzustellen. Ich möchte dort, wo ich lebe und arbeite, ein Bewusstsein dafür schaffen, dass sich Veränderung nicht aussitzen lässt, dass es Mut braucht und Neugier und die Bereitschaft, mit Gewohnheiten und Traditionen zu brechen (Abb. 2).

**Abb. 1** Das Team von TLGG. (Quelle: ©Nora Tabel)

**Abb. 2** Veränderung braucht Mut und Neugier. (Quelle: ©Nora Tabel)

Das ist ja auch mein Auftrag als Aufsichtsrätin: Veränderungs- und Digitalkompetenz zu wecken und weiterzuentwickeln. So ein Aufsichtsrat, ganz allgemein, wird aktuell eher eingeschränkt, wenn es um Veränderungsinitiativen geht – er ist eine Institution für sichere Zeiten. Doch Digitalisierung ist Treiber einer Veränderung, die ganz neue Situationen und Fragestellungen mit sich bringt. Diese Strukturen zu verändern, sie informiert und entscheidungsfähig und in dieser Hinsicht auch engagierter zu machen, das wird meine nächsten Jahre deutlich bestimmen (Abb. 3).

**Wie beurteilen Sie die Relevanz der Digitalisierung für Gesellschaft, Wirtschaft und Politik: a) Wie wird Digitalisierung Ihrer Meinung nach in 25 Jahren Gesellschaft, Wirtschaft und Politik prägen? b) Wie stehen Sie persönlich dazu und was wünschen Sie sich dafür?**
Die Relevanz? Enorm. Dafür muss man gar nicht 25 Jahre in die Zukunft blicken. Welche Entwicklungen der letzten 25 Jahre, welche Aspekte des digitalen Lebens heute hätten Sie sich denn 1994 träumen lassen? Ich sehe heute auch an meiner Tochter, wie sehr digitale Tools zu unserem Alltag, zu unserer Welt gehören. Wir brauchen aber mehr als nur die schrittweise Alltagsadoption digitaler

**Abb. 3** Fränzi Kühne als Aufsichtsrätin bei freenet. (Quelle: freenetAG)

Technologien, die die Elterngeneration nicht versteht und die die junge Generation schon als gegeben hinnimmt. Doch da fehlt ein ernst zu nehmender, informierter und visionärer Diskurs, vor allem auf der politischen Ebene. Völlig neue, eventuell revolutionäre und eventuell nur heiß gekochte Technologien und Methoden erleben eine rasante Verbreitung. Aber aus politischer Richtung ist „Ja, schon interessant irgendwie" das Maximum an Verständnisdemonstration. Plattformökonomie und eine wachsende Masse an Selbstständigen machen traditionelle Gesetze und Strukturen unbrauchbar, aber niemand treibt ernsthaft politische Reformen voran. Ich wünsche mir ein stärkeres Bewusstsein für die gesellschaftliche Dimension und Relevanz der Digitalisierung und eine starke und baldige Auseinandersetzung damit, die über Industrie 4.0 und Produktivitätssteigerungen hinaus geht.

Auf einer persönlichen Ebene und vielleicht als Grundlage dafür wünsche ich mir mehr Achtsamkeit. Das meine ich gar nicht so sehr im Entschleunigungs- und Esoteriksinne. Wenn Achtsamkeit dafür steht, zu wissen, was man tut und was einen bewegt, welche Kräfte wirken und welche Konsequenzen das hat, dann gibt es im digitalen Sinn noch viel zu wenig Achtsamkeit. Wer macht sich denn wirklich bewusst, wie der Newsfeed, die Suchergebnisse, die Empfehlungen im Netz generiert werden, welche Algorithmen wirken und welche Interessen sie bedienen?

Ich bin und bleibe Optimistin, was die Digitalisierung, ihre Herausforderungen und ihre Folgen angeht. Sie macht Veränderungen nötig und möglich und kann der Schlüssel zu einer besseren, produktiveren, nachhaltigeren Gesellschaft sein. Das bedeutet aber mitnichten, dass sich alles von allein klärt.

**Fränzi Kühne** wurde 1983 geboren und lebt, von einem Schulaustausch abgesehen, seitdem in Berlin. 2008 gründete sie gemeinsam mit Christoph Bornschein und Boontham Temaismithi die Agentur TLGG und brach ihr Jurastudium damit endgültig ab. Heute ist TLGG 200 Mitarbeiter stark und in Berlin und New York vertreten. Fränzis Arbeit zum Thema Digitalisierung brachte sie 2017 in die Position der jüngsten Aufsichtsrätin bei einem börsennotierten Unternehmen in Deutschland, der freenet AG, im Jahr darauf auch in den Aufsichtsrat der Württembergischen Versicherung. Fränzi ist Mutter einer Tochter und Mitglied des Stiftungsrates der AllBright Stiftung.

# Frauen in der Tech-Branche: „Habt ihr auch eine?"

## Christina Kraus

> **Zusammenfassung**
> Auch ohne eine typische „Nerdkindheit", konnte ich mich schon früh für neue Technologien begeistern. Nach dem Bachelorstudium an der Technischen Universität (fast ausschließlich unter Männern) und einem internationalen Masterprogramm (hier mit mehr Frauen), habe ich mit ehemaligen Kommilitonen ein Startup gegründet: meshcloud. Mit einer Plattform für Cloud-Management unterstützen wir Unternehmen in der Einführung und langfristigen Nutzung neuer Cloud-Technologien. Digitalisierung steht für mich daher in erster Linie für Automatisierung. Wir unterstützen Unternehmen bei der Automatisierung ihrer Prozesse und schaffen damit die Grundlage für Innovation und Wettbewerbsfähigkeit am Markt. Ich freue mich Teil dieser jungen deutschen Gründerbewegung zu sein und habe Spaß daran die lokale Gründer- und Tech- Community mitzuformen und zu unterstützen.

*Persönliches*

- Seit ihrer Kindheit begeistert von Technologien aller Art, heute v. a. von Cloud-Technologien

---

C. Kraus (✉)
meshcloud GmbH, Frankfurt am Main, Deutschland
E-Mail: ckraus@meshcloud.io

*Das Unternehmen*

- meshcloud GmbH
- Gegründet: Mai 2017
- 15 Mitarbeiter, v. a. aus den Bereichen Frontend- und Backend Entwicklung und IT-Operations

Cloud-Technologien sind die Grundlage der Digitalisierung. Unternehmen, die in ihre Zukunftsfähigkeit investieren sind darauf angewiesen. Durch die Automatisierung von Infrastruktur können sie ihre Kosten in der Cloud reduzieren und ihren Time-To-Market beschleunigen. Nur so erreichen sie eine Entwicklungsgeschwindigkeit, mit der sie dem stetig wachsenden Wettbewerb standhalten können.

Wir führen mit meshcloud verschiedene Cloud-Anbieter auf einer Plattform zusammen. Mit unserer Plattform entsteht ein Netz – ein ‚Mesh' – aus Cloud-Technologien und -Standorten. Entwickler und Unternehmen können so ihre Anwendungen einfach und skalierbar in die Cloud bringen. Besonders wichtig für uns: Transparenz und Datenschutz.

Digitalisierung passiert ständig und überall, zumindest wenn man nach dem Begriff geht. „Die Digitalisierung des Mittelstands", „Deutsche Unternehmen hängen zurück in der Digitalisierung", „Die Politik sollte sich mehr für die Digitalisierung deutscher Unternehmen einsetzen", „Digitalisierungsstudien, die den Digitalisierungsstatus deutscher Unternehmen untersuchen". Auf Nachrichten zu diesen Themen trifft man seit mehreren Jahren so gut wie täglich. Auch Veranstaltungen zum Thema gibt es im Überschuss. Überall schwebt dieser Begriff der Digitalisierung mit, der längst nicht mehr nur für den eigentlichen Digitalisierungsprozess steht, also der Transformation analoger Informationen in digitale, sondern für viel mehr als das. Letzten Endes geht es immer um Innovation und die Anwendung neuer Technologien, um Automatisierung von ehemals manuellen Prozessen und um Vernetzung – Vernetzung von Menschen untereinander genauso wie die Vernetzung von Dingen wie Kühlschränken, Lampen durch Sensorik. Damit einher gehen neue Geschäftsmodelle, die die Märkte bewegen. Bestehenden Unternehmen bleiben wenig andere Optionen, als sich mit innovativen Produkten und Geschäftsmodellen gegen den Wettbewerb durchzusetzen. Diese Entwicklung ist unheimlich spannend. Sie feuert den Wettbewerb an und gibt auch kleinen Unternehmen die Chance, mit wertstiftenden Produkten einen Einstieg in den Markt zu finden.

**Was ist Ihr wichtigstes persönliches digitales Tool, das Sie nicht mehr missen möchten?**
Sehr viele digitale Tools, die man im Alltag nutzt, bieten hauptsächlich Bequemlichkeit. Sie sind nicht überlebenswichtig, aber schleichen sich in den Alltag ein, und werden zur Gewohnheit. So gewinnen Social-Media-Plattformen dem Alltag doch auch immer wieder viel Zeit ab. Ich habe sowohl während der Schulzeit, als auch während des Studiums Zeit im Ausland verbracht. Ohne Plattformen wie Facebook, hätte der Kontakt zu einigen meiner Freunde der Entfernung vermutlich nicht standgehalten. Daher bin ich dankbar, dass es sie gibt. Auch wenn viele dem ständigen „online" sein kritisch gegenüberstehen und sich über „Smombies" (Smartphone+Zombies) beschweren, die nur noch auf ihr Handy starren, finde ich es auch faszinierend, was für Möglichkeiten uns die Plattformen bieten und wie sie es in nur wenigen Jahren geschafft haben einen festen Platz im Alltag einzunehmen. Neben dem Kontakthalten schweben hier aber noch weitere Effekte mit, die mit Vorsicht zu betrachten sind. Häufig wandeln sich die Plattformen weg von persönlichen Netzwerken hin zu Nachrichtenplattformen, die Informationen sehr spezifisch für uns auswählen und letztendlich dazu führen, dass wir von Filterblasen umgeben sind, die die Varianz der Nachrichten stark einschränken und damit ein erhebliches Manipulationsrisiko bergen. Gerade bei solchen Entwicklungen wird deutlich, dass die Digitalisierung neben technischen Neuerungen, auch viele ethische Fragestellungen mit sich bringt, auf die Antworten gefunden werden müssen.

Wenn ich mir ein einziges digitales Tool aussuchen müsste, dass ich weiterhin nutzen kann, wäre dies wohl die E-Mail. Sie erleichtert den Austausch stark, ohne dass eine dritte Partei Kontrolle auf die übertragenen Informationen übernehmen kann. Obwohl sie privat mittlerweile eher rar ist, da es tausend andere Wege gibt sich auszutauschen ist dies das Tool, was ich ungern missen wollte.

**Wie zeigt sich Digitalisierung in Ihrem a) persönlichen und b) beruflichen Alltag?**
Als junges Cloud-Unternehmen sind wir „digital-natives" (Abb. 1). Einen Digitalisierungsprozess haben wir nie durchgemacht. Da wir das Gründungsprojekt zunächst ohne eigene Büroräume gestartet haben, waren Kommunikations- und Kollaborationswege von Anfang an darauf ausgelegt, dezentral und komplett digital zu funktionieren. Wichtig ist es hierbei, im Auge zu behalten, dass ein Chat kein persönliches Gespräch ersetzen kann und dass es durchaus Situationen gibt, die im direkten Gespräch besser zu lösen sind.

**Abb. 1** meshcloud-Gründerteam. (Quelle: ©Alexandra Repp)

Ein Aspekt der Digitalisierung begleitet uns täglich besonders: die Automatisierung. Denn ein wesentlicher Vorteil von Cloud-Computing ist die Automatisierung von Infrastruktur. Früher (und oft auch heute noch) musste man, um Rechenressourcen zu erhalten, im Rechenzentrum anrufen. Dort wurde dann ein neuer Server aufgesetzt und anschließend zur Verfügung gestellt. Dieser Prozess konnte gerne auch mal einige Tage in Anspruch nehmen. Self-Service-Portale haben diesen Ablauf schon deutlich beschleunigt. Über sie können Ressourcen über ein Web-Interface bestellt werden. Stellt man sich aber nun vor, dass dieser Vorgang regelmäßig durchgeführt wird, kostet dies zum einen viel Zeit, zum anderen besteht die Gefahr, dass Inkonsistenzen entstehen, wenn unterschiedliche Leute involviert sind oder das vorherige Vorgehen nicht sauber dokumentiert wurde. Dies führt häufig dazu, dass Unternehmen vor einer sehr heterogenen Infrastruktur stehen, die es zum Beispiel erschwert Updates einzuspielen, da immer ein Risiko besteht, dass verschiedene Umgebungen unterschiedlich auf die Neuerungen reagieren. Moderne Cloud-Technologien, wie wir sie anbieten,

bieten hier Abhilfe. Die manuellen Prozesse können automatisiert werden. Konkret sieht das so aus, dass der Aufbau der Infrastruktur in Skripten beschrieben wird (Abb. 2). So kann sie jederzeit, in identischer Konfiguration erneut aufgesetzt oder erweitert werden. Änderungen sind über Versionskontrollsysteme jederzeit nachvollziehbar, sodass auch frühere Konfigurationen wiederhergestellt werden können. Neben der Beschleunigung des Prozesses, ist so in erster Linie die Konsistenz der Systeme ein großer Gewinn für Unternehmen, da die Fehleranfälligkeit reduziert wird. Unsere Aufgabe ist es, Unternehmen diese Vorteile deutlich zu machen und ihre Transformation zu einer automatisierten Infrastruktur zu begleiten.

Auch intern automatisieren wir so viele Routineprozesse wie möglich. Das ist auch das Schöne an der IT, wiederkehrende Prozesse sind oft leicht zu automatisieren, wenn erstmal die grundlegende Infrastruktur dafür besteht. Das garantiert auch, dass Prozesse sauber strukturiert und definiert werden. Denn nur ein Prozess, den man konkret fassen und definieren kann, lässt sich in ein digitales Format verpacken und per Klick auslösen. Sagt bei uns im Büro jemand „von Hand", klingeln bereits die Alarmglocken. Als kleines Team müssen wir unsere Ressourcen sehr gut einteilen. Häufig vorkommende Prozesse zu automatisieren, hilft dabei enorm, da wir unsere Zeit so in die relevanteren Aufgaben investieren. In solche Aufgaben, für die wir als Personen mit unserer Expertise Werte schaffen können.

```
1  heat_template_version: 2018-04-10
2
3  description: Example template to create a virtual machine
4
5  resources:
6    myInstance:
7      type: OS::Nova::Server
8      properties:
9        key_name: myKey
10       image: ubuntu_latest
11       flavor: mb1.small
12
13
14
15
```

**Abb. 2** Beispiel eines Heatskripts zur Automatisierung von Cloud-Infrastruktur. (Quelle: eigene Darstellung)

**Was war Ihr wichtigstes persönliches oder berufliches Erlebnis zum Thema Digitalisierung?**

*Drei Anekdoten* Der Informatikunterricht während der Schulzeit war wohl eher ein Negativbeispiel der Digitalisierung. Zugegeben, der Fokus der Schule lag auf Sprachen und Naturwissenschaften. Informatik hat keine besondere Rolle gespielt. Für ein oder zwei Jahre hatten wir dennoch Informatik-Unterricht. Häufig hat der gleichzeitige Zugriff aller Leute die Systeme zum Absturz gebracht, sodass der Rest der Stunde damit verbracht wurde die Systeme zu fixen oder heimlich im Internet zu surfen. Bei stattfindendem Unterricht lag der Fokus auf Office-Produkten wie Word und Excel. Insgesamt also nicht unbedingt die Sternstunden meiner digitalen Erfahrungen. Mit Programmieren hatte das alles noch nicht viel zu tun. Dass diese Erfahrungen nicht unbedingt in Motivation zum Informatikstudium mündeten ist daher keine Überraschung. Mein ursprünglich geplantes Medizinstudium passte da besser ins Bild. Im Nachhinein kann ich sagen, dass die Informatik zu dieser Zeit insgesamt ein ziemliches Imageproblem hatte. Viele waren überrascht, dass ich mich letztendlich für ein Studium in diesem Bereich entschieden habe und mit mir offensichtlich nicht viele andere Frauen. Man muss wohl als Fakt betrachten, dass die Rolle der Frau in der Digitalisierung und der kompletten Welt der Technologie (noch) eine besondere ist. Die Männerüberzahl im Studium ist da wenig überraschend und wohl auch ein gutes Training für das spätere Berufsleben. Denn die Zahl an Frauen in technischen Berufen wird in den älteren Generationen nicht größer. „Habt ihr auch eine?" ist eine Frage, die wir tatsächlich schon so gestellt bekommen haben.

Recht schnell wurde in der Universität deutlich, dass Informatiker zwar vielleicht manchmal etwas schüchtern sind, jedoch meist sehr hilfsbereit und offen. Während einige Freunde im Jura-Studium also damit zu kämpfen hatten, dass die Lehrbücher geschwärzt oder alle ausgeliehen wurden, um den anderen die Chance des Lesens zu verwehren, hatten wir das Glück, dass einige Kommilitonen ein Portal entwickelt haben, die die Kooperation erleichtert und den Austausch zwischen Studenten gefördert hat. Dort gab es Diskussionen über mögliche Lösungswege in Foren, Einblicke und Erfahrungen von Kommilitonen aus höheren Semestern, also insgesamt einen regen Austausch zwischen allen Studenten. Diese Kooperationsbereitschaft zog sich durch meine komplette Studienzeit und hat zu einem sehr entspannten und gemeinschaftlichen Studienklima geführt. Diese Kooperationsbereitschaft spiegelt sich auch in der Open-Source-Welt wieder. Wir haben uns bei meshcloud für den Einsatz von Open-Source-Technologien entschieden, weil sie den Bedarf der größten Anwender sehr genau widerspiegeln. Gemeinschaftlich werden Produkte entwickelt mit dem Ziel reale Anwendungsfälle abzudecken.

Häufig sind es auch genau die Erlebnisse, die einen Mangel an Digitalisierung aufweisen, die einem bewusst machen, dass wir es immer noch mit unterschiedlichen Universen im Grad der Digitalisierung zu tun haben. Als wir uns Anfang 2018 für einen Gründerpreis beworben haben, waren wir doch sehr überrascht, einen derartig undigitalen Bewerbungsprozess vorzufinden. Bis auf die online herunterladbaren Bewerbungsunterlagen lief der Prozess ausschließlich analog ab. Die ausgefüllten Unterlagen, zum Teil zu editierende, jedoch nicht-editierbare PDFs, mussten ausgedruckt und vor Ort abgegeben werden. Die Empfehlung war dies persönlich zu erledigen, da man sich auf die zuverlässige Zustellung der Post nicht verlassen könne. Vor Ort wurden die Dokumente dann manuell überprüft, um sicherzustellen, dass nichts fehlte. Im Anschluss wurden die Dokumente eingescannt. Bevor die eingescannten Dokumente dann wiederum digital an die Jurymitglieder verschickt wurden. Solche Prozesse trifft man immer wieder an, besonders in Verbindung mit öffentlichen Stellen. Hier gibt es wohl noch etwas Nachholbedarf.

**Wie würden Sie Ihren persönlichen Start in die Welt der Digitalisierung beschreiben?**
Ich war sicherlich keines der Kinder, das schon in jungen Jahren mit Technik gebastelt oder Computer zusammengebaut hat. Auch heute habe ich keine smarten Lampen oder Kühlschränke. Den ersten Computer habe ich mir mit meiner älteren Schwester geteilt und dies erst relativ spät. Meine ersten digitalen Erfahrungen gehen dennoch auf die frühe Kindheit zurück. Ein Teil meiner Familie kommt aus Griechenland. Da sie eigenes Gewerbe hatten, gab es auch immer Computer. Und so konnte ich in meinen Ferien, immer mal wieder reinschnuppern, erste Spiele spielen oder Bilder am Computer malen. Während der Schulzeit hat sich das Internet dann langsam als Recherchemedium etabliert. Diesen Transformationsprozess konnte ich direkt miterleben und damit wohl auch eine der für mich zentralsten Änderungen der letzten Jahre. Während erste Referate und Vorträge noch mit Fakten aus dem Brockhaus gefüllt wurden, konnten wir am Ende der Schulzeit bereits auf digitale Kollaborationstools und verschiedene Suchmaschinen zurückgreifen. Binnen weniger Jahre wurde ein Großteil des verfügbaren Wissens digitalisiert und eine Welt ohne ist kaum mehr vorstellbar.

Am Anfang meines Studiums, war es für mich schwer zu fassen, welcher Aspekt der Informatik, mich reizt. Letztendlich, ist es wohl die Faszination für Neues. Ich hatte ein unheimliches Glück in meiner Generation aufgewachsen zu sein. Denn ich habe genau die Zeit getroffen, in der ein unheimlicher Schwung an Entwicklung aufkam, der unseren Alltag, ja unser Leben heute völlig verändert hat. Natürlich ist technologischer Fortschritt kein Phänomen der 90er Jahre, aber es ist eben die Zeit in der Technologie den Weg in alle Bereiche gefunden hat, unabhängig von Alter und Beruf, sie ist fester Bestandteil unseres Alltags geworden.

**Was haben Sie selbst in Ihrem Unternehmen an Digitalisierung erreicht?**
Software-as-a-Service-Angebote erleichtern die digitale Zusammenarbeit im Unternehmen. Als noch recht junges Unternehmen kann man sagen, dass wir schon digital gestartet sind, es also keinen Digitalisierungsprozess an sich gab. Zur Unterstützung der Zusammenarbeit nutzen wir bestehende Tools, wie Jira oder Slack, die die Zusammenarbeit erleichtern. Wichtig ist es uns, dass jeder von überall aus arbeiten kann und dass für jeden Transparenz über aktuelle Aktivitäten besteht. So können wir Abhängigkeiten reduzieren und die Effizienz im Team steigern. Ein digitales Tool nimmt jedoch durch seine Existenz noch nicht die komplette Arbeit ab. Selten gibt es nur ein Tool am Markt. So steht zunächst die Auswahl des besten Tools an. Außerdem bleibt die Definition von Prozessen und Abläufen. Erst wenn die Tools fest in alltägliche Arbeitsabläufe integriert werden profitiert man von ihren Vorteilen. Oft ist das mehr Aufwand, als man sich wünscht. Das Schöne ist, Prozesse und Tools sind meist gut auf einander abstimmbar und können flexibel angepasst werden. So können Arbeitsabläufe kontinuierlich optimiert und an die Unternehmensgröße angepasst werden.

**Was haben Sie sich für die nächsten Jahre in Sachen Digitalisierung vorgenommen bzw. wo soll Ihre digitale Reise hingehen?**
Ähnlich wie der Begriff der Digitalisierung, ist auch der Begriff Cloud-Computing sehr dehnbar. Jeder hat ein anderes Verständnis von Cloud. Für viele bedeutet Cloud „nur" Cloud Storage, eine iCloud etwa oder Dropbox. Die Cloud-Transformation ist ein wesentlicher Bestandteil der Digitalisierung von Unternehmen und geht weit über das Ablegen von Daten in der Cloud hinaus. Es sind komplette Anwendungen die in der Cloud betrieben werden, zum Beispiel Online-Shops und Online-Portale oder interne Anwendungen. Dazu gehört, dass die Anwendungen auch einer Cloud-Architektur entsprechen. Nur dann können sie die Vorteile der Cloud, Skalierbarkeit und Automatisierung, sowie das kosteneffiziente pay-per-use-Preismodell voll ausschöpfen. Häufig geht eine Cloud-Transformation also über eine simple Migration der Anwendung von einem lokalen Server in „die Cloud" hinaus. Prozesse im Unternehmen müssen angepasst werden, um die Automatisierung zu ermöglichen und Ressourcen im Betrieb zu sparen.

Grundlage der Transformation ist damit das Verständnis der dahinterstehenden Technologien. Wie laufen meine Prozesse aktuell ab, also zum Beispiel das

On-Boarding neuer Kunden und wie werden diese in Zukunft aussehen? Welche Möglichkeiten bringt eine Veränderung mit sich? Bleibt man beim On-Boarding eines Kunden, kann dies zum Beispiel die vollständige Automatisierung dieses Prozesses sein. Werden keine Ressourcen mehr benötigt, um Neukunden on-zu-boarden, öffnet man die Türen der Skalierung. Letztlich ist es unsere Aufgabe die Frage zu beantworten, warum eine neue Technologie die bisherige Aufgabe besser lösen kann, als die alte Lösung. Damit liegt es auch bei uns, Klarheit und Verständnis im Bereich von Cloud-Technologien aufzubauen. Jeder soll in der Lage sein zu verstehen, wie die Technologien funktionieren und was ihre Vorteile und auch mögliche Risiken sind. Dieses Wissen möchten wir verbreiten. Dazu halten wir oft Vorträge auf Veranstaltungen wie lokalen Meetups, bei Verbänden oder bei internationalen Konferenzen. Die „Meetup-Kultur" gefällt mir sehr gut. Bei den technischen Treffen, zu Themen wie DevOps, Docker oder Cloud Foundry die wir regelmäßig besuchen und auch mitgestalten, steht der Wissenstransfer im Vordergrund. Es bildet sich eine lokale Community von Experten zu spezifischen Themen. Man kann voneinander lernen und sich gegenseitig unterstützen. Obwohl die Frankfurter Startup-Szene längst nicht die Größe der Berliner Szene angenommen hat, haben wir im vergangenen Jahr eine rasante Entwicklung miterleben dürfen. Meetups zu einzelnen Programmiersprachen sprießen geradezu aus dem Boden und befeuern die Entwicklung. Viele Co-Working Spaces bieten sich als Location an. Noch stehen wir am Anfang dieser Entwicklung und ich bin froh, dass wir mit meshcloud mittendrin sind und dazu beitragen können europäische Unternehmen in ihrer digitalen Transformation zu unterstützen.

**Wie beurteilen Sie die Relevanz der Digitalisierung für Gesellschaft, Wirtschaft und Politik: a) Wie wird Digitalisierung Ihrer Meinung nach in 25 Jahren Gesellschaft, Wirtschaft und Politik prägen? b) Wie stehen Sie persönlich dazu und was wünschen Sie sich dafür?**
Für unsere Unternehmen ist und wird es immer wichtiger, den technologischen Fortschritt nicht nur mitzugehen, sondern auch mitzugestalten. Zum einen, um dem internationalen Wettbewerb standzuhalten, aber sicherlich auch, um die Vorreiterrolle, die Deutschland in der Industrie innehat beizubehalten. Während aktuell nur einzelne IT-Unternehmen wie SAP oder die Software AG in ihrer Bekanntheit international herausstechen, bin ich davon überzeugt, dass wir das Potenzial haben die IT zu einer Leitbranche der deutschen Wirtschaft zu machen. Dafür spricht auch der digitale Gründergeist, der sich in den letzten Jahren in vielen deutschen Städten etabliert hat. Die Entwicklung von Software spielt in der Industrie zunehmend eine wichtige Rolle. Daher ist es essenziell, dass wir diese

digitale Gründerzeit fördern und uns mit Softwareprodukten im Markt positionieren. Insbesondere im Bereich von industriebezogenen Softwareanwendungen oder Infrastruktur, die qualitäts- und sicherheitskritisch sind, sehe ich einen sehr attraktiven Markt, in dem wir auf globaler Ebene durch langjährige Erfahrung und Expertise punkten können.

Insgesamt spannt der Digitalisierungsgrad der deutschen Wirtschaft ein sehr weites Spektrum auf. Von Unternehmen, die tatsächlich beginnen Prozesse erstmals zu digitalisieren hin zu High-Tech-Firmen, die Innovation und neue Technologien vorantreiben. Mit Blick auf die Zukunft stehen uns also Aufgaben an beiden Enden bevor: Einen branchenübergreifenden (Mindest-)Digitalisierungsgrad bei Unternehmen zu erreichen und sie auf einen aktuellen technologischen Stand zu bringen mit dem sie ihre Position im europäischen Markt stärken und auch global konkurrieren können. Ebenso müssen wir neue Themen und Entwicklungen mitgestalten, um damit auch die Abhängigkeit von einzelnen Großkonzernen zu relativieren.

Im Cloud-Markt zum Beispiel sehen wir einen Markt, der stark von amerikanischen Anbietern dominiert wird: Amazon, Microsoft und Google sind große Player, mit starken Marktpositionen.

In der Politik wächst die Unterstützung für Digitalisierungsprojekte kontinuierlich. Auch mit meshcloud haben wir mehrfach Unterstützung für unser Gründungsvorhaben bekommen. Das EXIST- Gründerstipendium des Bundeswirtschaftsministeriums hat uns einen finanziellen Startschuss gegeben. Der spätere Sieg im Gründerwettbewerb Digitale Innovationen hat uns sowohl finanziell, als auch im Bereich der Öffentlichkeitsarbeit und in Form von Mentoring unterstützt. Initiativen, wie das Gründerzentrum HIGHEST der TU Darmstadt unterstützen Absolventen beim Start in die Unternehmerwelt und fördern die Vernetzung zwischen Gründern. So stehen wir mittlerweile als Mentoren für zukünftige Gründer zur Verfügung. Neue Gründer können von unseren Erfahrungen lernen und auch von unserem Know-how im Aufbau digitaler Anwendungen profitieren. Mit Blick auf die weitere Entwicklung, halte ich es jedoch für sehr wichtig, dass auch öffentliche Stellen selbst digitalisiert werden. Hier sind andere Länder, wie beispielsweise Estland uns weit voraus. Mit der Digitalisierung der eigenen Prozesse, können sie dann auch Gründer agiler und zielgerichteter unterstützen und Digitalisierung nicht nur fördern, sondern auch vorleben.

Ein Bereich, für den ich mir persönlich einen starken Fortschritt wünsche, ist die Einbindung von Informatik und Technologie in die Schulbildung. Schließlich ist dies ein Bereich, der fachlich an undenkbar viele Branchen anknüpft und Innovationen ermöglicht. Wer möchte nicht eigene Produkte bauen und entwickeln? Mit sehr wenigen Werkzeugen und ohne wesentliches Kapital hat man die Möglichkeit Ideen zu verwirklichen und Prozesse in allen Lebensbereichen zu verändern. Wird das den Leuten erstmal vor Augen geführt, bin ich mir sicher, dass man auch den Frauenanteil in technischen Berufen erhöhen kann.

**Christina Kraus** ist Mitgründerin der 2017 gegründeten meshcloud GmbH. Im Unternehmen verantwortet sie die Bereiche Sales, Marketing und Kommunikation. Sie hat einen Hintergrund in Wirtschaftsinformatik und seit jeher eine Leidenschaft für neue Technologien.

# Einfach machen

## Lern- und Handlungsfähigkeit als Erfolgsfaktor der Digitalisierung

### Katrin Bergfeld

*Sometimes you win, sometimes you learn.*

**Zusammenfassung**

Im Kontext der Digitalisierung sind alle ständig Anfänger. Die Bereitstellung eines funktionierenden Lernumfelds ist daher zentraler Erfolgsfaktor der Digitalisierungsbemühungen für Unternehmen jeglicher Größe. „Einfach machen", also die schnelle Herstellung von Handlungsfähigkeit ist maßgeblich. Prototypen sind hierfür ein wertvolles Werkzeug und helfen bei der Etablierung einer Lernkultur, die auch Misserfolge als Quelle für neue Erkenntnisse und Innovation versteht. Eine ähnlich große Bedeutung hat in diesem Zusammenhang das Lernen von Anderen sowie die erfolgreiche Zusammenarbeit in divers zusammen gestellten, zunehmend agil handelnden Teams.

*Persönliches*

- Eine Person – viele Facetten: Beraterin, Design Thinkerin, Mutter, Gründerin, Enfant Terrible (http://enfants-terribles.org), Bahnfahrerin mit Langstreckenambition, Produkt- und Service-Entwicklerin auf Dienstleister- und Konzernseite
- Kontakt: www.linkedin.com/in/katrinbergfeld

---

K. Bergfeld (✉)
Karlsruhe, Deutschland
E-Mail: katrin.bergfeld@gmail.com

*Das Unternehmen*

- Miles & More GmbH
- Gegründet: 01. Januar 1993
- Ca. 300 Mitarbeiter, davon ca. 20 % in IT-Berufen (vor allem IT-nahe Anforderungsprofile sind ein wachsender Personalmarkt)

**Was ist Ihr wichtigstes persönliches digitales Tool, das Sie nicht mehr missen möchten?**

Seit einigen Jahren ist das iPad mit Stift schwer aus meinem Alltag wegzudenken, denn es hat für mich in großen Teilen das Papier überflüssig gemacht. Von der privaten Einkaufsliste (Bring!) bis zu Ideenvisualisierung und Notizablage (beides: Noteshelf) nutze ich das Gerät als verlängertes Gehirn und multifunktionales Arbeitsmittel.

**Wie zeigt sich Digitalisierung in Ihrem a) persönlichen und b) beruflichen Alltag?**

Für mich persönlich bedeutet die zunehmende Digitalisierung in erster Linie eine Zunahme von Flexibilität und Unabhängigkeit in Bezug auf Arbeitsort und -zeit, was sich positiv vor allem auf die freie Wahl meines Lebensmittelpunkts ausgewirkt hat. Außerdem genieße ich die anhaltende Phase des Experimentierens mit Arbeitsmethoden und -werkzeugen, wie sie aktuell in digitalen, zunehmend agilen Teams zum Einsatz kommen.

Auf der anderen Seite nehme ich aber auch wahr, dass durch unseren Anspruch an ständige Erreichbarkeit und Dienstbarkeit kaum mehr Momente der Ruhe und Konzentration existieren. Diese sind für mich im persönlichen wie beruflichen Umfeld aber zwingend notwendig, um Reflexion und kreatives Arbeiten zu ermöglichen. Einer Sache oder einer Person die volle Aufmerksamkeit zu schenken halte ich für ein Zeichen von Wertschätzung sich selbst und anderen gegenüber. Sicher eine Herausforderung, die sich uns in Zeiten ständig verfügbarer digitaler Ablenkung stellt.

**Was war Ihr wichtigstes persönliches oder berufliches Erlebnis zum Thema Digitalisierung?**

*Man bleibt ewig Anfänger!* Während meines Starts in die Berufswelt war mir das nicht klar. Aber der Modus des „Training on the Job" ist mir dauerhaft erhalten geblieben. Dabei ging es im Prinzip immer um das gleiche: die aktuell technischen Möglichkeiten maximal auszuschöpfen. Zunächst in Form von digitalen Kommunikations- und Werbemitteln wie Websites, Bannern (Flash!) und

Mailings für werbetreibende Marken wie Jägermeister oder adidas. Mit fortschreitenden technischen Möglichkeiten auf der Suche nach Antwortmöglichkeiten auf die Frage, wie sich das digitale Medium zur Kundenbindung einsetzen lässt. Jetzt, da das digitale Nutzerinterface zunehmend zentraler Teil des Produkts ist (man denke z. B. an myTaxi), im Bereich der Entwicklung von digitalen Produkten und Prozessen sowie in der Begleitung von Innovations-Teams in Zeiten organisationalen Wandels.

> „I am learning every day to allow the space between where I am and where I want to be to inspire me and not terrify me." (Roth Eisenberg 2018)

Digitale Produkte sind nie fertig und mein berufliches Profil kann es im Sinne einer „abgeschlossenen Berufsausbildung" ebenfalls nie sein. Lebenslanges (oder mindestens berufslanges) Lernen ist deshalb für mich die zentrale Herausforderung der Digitalisierung und ihrer „Experten".

Der hohe Veränderungsdruck lässt dann auch CEOs diverse Maßnahmen ergreifen um sich und die eigene Mannschaft digital „fit" zu machen. Carsten Spohr, CEO von Lufthansa, benannte 2017 zum „Jahr der Digitalisierung". Die Commerzbank gründete im gleichen Jahr einen „Digital Campus", um Kundenanforderungen durch die „Transformation zum digitalen Technologie-Unternehmen" schneller bedienen zu können. An großen Worten mangelt es also in der Regel selten. Aber trotz „Learning Journeys" ins Silicon Valley und konzerneigener Innovations-Inkubatoren wird den Managern der Führungsetagen ein schlechtes Zeugnis ausgestellt, wenn es um das eigene Praxiswissen im Bereich der Digitalisierung (sowie des Entrepreneurship) geht.

> „92% der Vorstände haben keine Erfahrung mit Digitalisierung, die sich im Lebenslauf niederschlägt." (Kawohl und Becker 2017)

Laut Resultat einer Studie zu „Unternehmergeist und Digitalkompetenz im Topmanagement" (Erpenbeck 2017; Kawohl und Becker 2017) gehört die überwiegende Zahl der führenden deutschen DAX und MDAX-Vorstände also ebenfalls zu den Anfängern, wenn es um die Digitalisierung geht.

Die Bereitstellung eines funktionierenden Lernumfelds ist meines Erachtens über alle Hierarchieebenen hinweg zentraler Erfolgsfaktor der Digitalisierungsbemühungen für Unternehmen jeglicher Größe. Mehr noch die Schaffung einer Lernkultur, die auch Misserfolge als Quelle für neue Erkenntnisse-vielleicht sogar als Triebfeder für Fortschritt und Weiterentwicklung – versteht.

*Warum die Forderung nach einer besseren „Fehlerkultur" (trotzdem) Quatsch ist* In diesem Zusammenhang wird dieser Tage häufig euphorisch eine bessere, oder „positive Fehlerkultur" beschwört. Große Unternehmen laden zu „Fuck-up Nights", Gründern wird eine Bühne geboten um ihr Scheitern zu zelebrieren. Wenngleich mit dieser und ähnlichen Initiativen die begrüßenswerte Absicht verbunden ist Niederlagen zu mehr gesellschaftlicher Akzeptanz zu verhelfen brauchen wir meines Erachtens gar keine neue Einstellung zu Fehlern. Fehler sind schlecht (für's Geschäft), das lernt man schon in der Schule. Stimmt auch, allerdings mit einer wesentlichen Einschränkung: es gilt nur für Tätigkeiten, die standardisiert sind und sich oft wiederholen. Dann ist in der Regel das richtige Ergebnis definiert (man denke zum Beispiel an das Ausfüllen einer Reisekostenabrechnung) und Fehler sind ineffizient und möglicherweise teuer.

Für den überwiegenden Teil der Fragen im Kontext der Digitalisierung gibt es aber gar keine standardisierten, richtigen Lösungen oder Prozesse, insofern kann man glücklicherweise im strengen Wortsinn keinen Fehler machen, sich aber – und das ist sehr empfehlenswert, weil aufschlussreich – wiederholt irren.

Der mit reichlich Spott und Häme belegte Begriff des „Neulands" ist treffend. Es bleibt uns dann auch nichts anders übrig, als die Lösung auf dem Weg von „Trial and Error", Experimentieren und Scheitern, herauszufinden.

*Prototyp statt Powerpoint* ist dabei meiner Erfahrung nach eine empfehlenswerte Handlungsmaxime. Prototypen lassen sich mit einfachsten Mitteln (Papier) erstellen, sie zwingen zur Kundenzentriertheit und ermöglichen einen schnellen Erkenntnisgewinn. Gleichzeitig sind Prototypen von unterschätztem Wert, wenn es um die Vermittlung neuer Ideen geht: sie machen diese „anfassbar" und erlebbar. Mit Begeisterung (und durch ein abteilungsübergreifendes Team) vorgetragen reduzieren sie die Ablehnungswahrscheinlichkeit durch Entscheidungsträger in der Regel deutlich. Mindestens aber sind sie ein gewinnbringender Beitrag für positiven Wandel im Sinne von „Fail Fast" und stellen „digitale Handlungsfähigkeit" unter Beweis.

Was man über die meisten Powerpoint-Präsentationen nicht sagen kann. Aber sie vermitteln das Gefühl von Aktivität und ich bin dabei selbst oft genug der Illusion erlegen, meinem Ziel näher zu kommen. So arbeiten wir dann auch mehr oder weniger hektisch „To-Do"-Listen ab (nie vollständig) und verbringen unsere Zeit in „alternativlosen" Meetings (die immer in weiteren Meetings resultieren). Aber wer viel tut, erreicht nicht zwingend das Meiste.

„Motion makes you feel like you're getting things done." (Clear o. J.)

James Clear (Abb. 1) macht dabei einen bemerkenswerten Unterschied zwischen Aktivität und Handeln:
Insofern finde ich es sehr produktiv, mich wiederkehrend zu fragen: Was ist eigentlich meine Absicht? Und: Trägt das, was ich gerade tue, priorisiert habe etc. wirklich dazu bei, mein Ziel zu erreichen? Das reduziert das Risiko, organisationalen Zwängen (wie zum Beispiel Mail-Anworten oder Ad'hoc Anfragen) zu erliegen. Bei aller Forderung nach Agilität und Schnelligkeit sind komplexe Probleme eben doch nicht in einem Sprint zu lösen und man braucht Zeit und Geduld. Ich kann unbedingt Leidenschaft dafür entwickeln, Dinge mit Tempo in Bewegung zu setzen: mehr als einmal habe ich dann auch am Gras gezogen, um es schneller wachsen zu sehen – und dabei das ein oder andere Grasbüschel ausgerissen.

„Die Ungeduld treibt uns voran. Die Geduld führt zum Ziel." (Lotter 2018)

Daher sollte es in Digitalisierungsvorhaben definitiv mehr Anreizsysteme für Weitblick und Ausdauer geben. Und für die gute Zusammenarbeit mit anderen!

*Lass den Anderen gut aussehen!* Divers zusammengestellte Teams bieten die Chance unterschiedlichste Erkenntnisquellen bereits zu Beginn der Lösungsfindung zu berücksichtigen und vergrößern den Möglichkeitsraum des Handels dadurch enorm. Nicht umsonst ist aktuell überall die Rede von der Arbeit in disziplinübergreifenden Teams. Die in Form von Abteilungen definierten Hürden, die dem erfahrungsgemäß in vielen Unternehmen im Wege stehen, sind mit der oben genannten Maxime aus dem Improvisationstheater zu überwinden. Lass

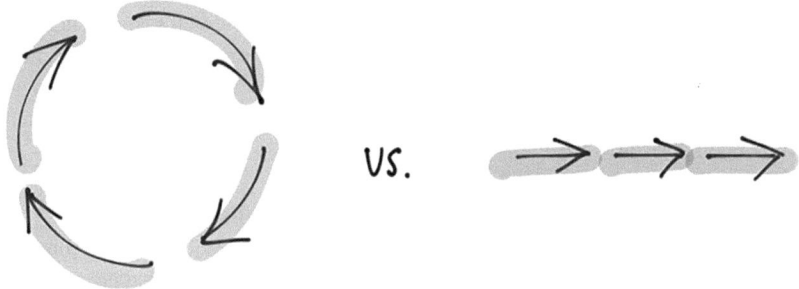

Being In Motion                    Taking Action

**Abb. 1** Being In Motion vs. Taking Action. (Eigene Abbildung in Anlehnung an Clear o. J.)

den anderen gut aussehen! Also: „Wie muss ich mich verhalten, damit meine „Mitspieler" einen Anknüpfungspunkt für den eigenen Beitrag finden, um das gemeinsame „Spiel" voranzutreiben?". Für mich ein passender Vergleich, denn wie im Theater ist auch im beruflichen Kontext der Erfolg maßgeblich von gut funktionierenden Teams abhängig. Teams zu befähigen, ganz im Sinne von „New Work" selbstbestimmt zu arbeiten, erfordert meines Erachtens vor allem in klassisch hierarchisch strukturieren Unternehmen eine veränderte Organisations- und Führungskultur. Es darf für Mitarbeiter nicht darum gehen, zu beweisen, dass sie die smarteste Person im Raum sind. Oder wie Microsoft CEO Satya Nadella in Bezug auf den in seinem Unternehmen angestrebten Kulturwandel zitiert wird: „Don't be a ‚know-it-all', be a ‚learn-it-all'".

Das bedeutete für meinen persönlichen Werdegang eine Verlagerung des Schwerpunkts vom Expertenwissen hin zum Erwerb von Lern- und Handlungsfähigkeit.

> „Wie lassen wir die Fähigkeiten reifen, mit denen man Probleme selbstorganisiert und kreativ lösen kann? Wie bereiten wir Menschen auf Jobs vor, die gegenwärtig noch gar nicht existieren, wie auf die Nutzung von Techniken, die erst noch entwickelt werden?" (Erpenbeck 2017).

Die Antwort liegt für mich in ähnlicher Weise wie für Erpenbeck im Handeln. Einfach machen. (In Führungsverantwortung heißt das dann übrigens auch: Machen lassen!).

**Wie würden Sie Ihren persönlichen Start in die Welt der Digitalisierung beschreiben?**
Zu Beginn meines Studiums habe ich mein erstes Handy gekauft und im Studiengang „Informationsmanagement" an der Hochschule der Medien gab es Ende der 90er bereits digitale Lehrinhalte. „Electronic Business" war dann auch einer meiner Studienschwerpunkte. Allerdings ging es da unter anderem noch um Dinge wie die Erstellung von Lern-CD-ROMs, in meinem Bücherschrank steht auch immer noch „Das große Buch HTML 4".

**Was haben Sie selbst in Ihrem Unternehmen an Digitalisierung erreicht?**
Bei Miles & More hatte ich die Möglichkeit ein Team aufzubauen, das mit der Entwicklung von digitalen Innovationen beauftragt war. Dabei haben wir uns die „Übersetzungsleistung" von Trends und Innovationen für das Unternehmen zum Ziel gesetzt, das heißt wir fungierten sozusagen als „Hype-Filter" und haben relevante technische Trends mit Business Potenzial in Prototypen und Produkt-Funktionalitäten übersetzt. Ich denke, dabei ist es uns auch gelungen, im

Großkonzern positive Impulse für „New Work" zu setzen und mitzuhelfen den Organisations-Fokus ein Stück weiter in Richtung disziplinübergreifende, agile Zusammenarbeit zu verschieben.

**Was haben Sie sich für die nächsten Jahre in Sachen Digitalisierung vorgenommen bzw. wo soll Ihre digitale Reise hingehen?**
Aktuell gibt es da noch nicht den einen, konkreten Plan. Es gibt einige Ideen und Ansätze für neue spannende berufliche Herausforderungen, ich möchte mich aber bewusst gerade nicht festlegen, sondern noch einen Moment offen bleiben für neue Erkenntnisse und Inspiration.

**Wie beurteilen Sie die Relevanz der Digitalisierung für Gesellschaft, Wirtschaft und Politik: a) Wie wird Digitalisierung Ihrer Meinung nach in 25 Jahren Gesellschaft, Wirtschaft und Politik prägen? b) Wie stehen Sie persönlich dazu und was wünschen Sie sich dafür?**
Ich glaube wir unterschätzen den anstehenden Wandel enorm. Die Digitalisierung wird meiner Einschätzung nach zu einer dramatischen Veränderung unserer Lebens- und Arbeitswelt führen und macht schon jetzt in vielen Feldern des Zusammenlebens eine aktive Standortbestimmung notwendig: Wie kann politische Meinungsfindung im Kontext von „Agenda Setting" und Social Media Filterblasen funktionieren? Woher wissen wir perspektivisch überhaupt, was echt ist und was „fake", wenn es an Bild und Videomaterial nicht mehr zu erkennen ist? Und die dafür notwendigen Tools für jedermann anwendbar sind? Welche Regeln aber auch Anreize muss es geben, um neue digitale Technologien und Daten gemeinnützig und gesellschaftsfördernd einzusetzen?

Ich wünsche mir, dass sich Bürger wie Politiker jetzt aktiv und mutig diesen Fragen stellen und wir dadurch einen Prozess anstoßen können, der Prototypen und Visionen für eine positive, gemeinsame Zukunft entstehen lässt.

## Literatur

Clear, J. (o. J.) The mistake smart people make: Being in motion vs. taking action. https://jamesclear.com/taking-action. Zugegriffen: 9. Juli 2018.
Erpenbeck, J. (2017). Hilf mir, es selbst zu tun. https://www.brandeins.de/magazine/brandeins-wirtschaftsmagazin/2017/lernen/hilf-mir-es-selbst-zu-tun. Zugegriffen: 21. Jan. 2018.
Kawohl, J., & Becker, J. (2017). Unternehmergeist und Digitalkompetenz im Topmanagement. Verfügen deutsche Vorstände über die Zukunftsfähigkeiten, die die digitale Transformation erfordert? https://docs.wixstatic.com/ugd/63eb59_4465a197bb6f4f34b784c3c52e1456fb.pdf. Zugegriffen: 21. Jan. 2018.

Lotter, W. Geduldsproben. (2018). https://www.brandeins.de/magazine/brand-eins-wirtschaftsmagazin/2018/geduld/wolf-lotter-geduldsproben. Zugegriffen: 21. Jan. 2018.
Roth Eisenberg, T. 2018. Adobe 99U conference. Tina Roth Eisenberg: Leading with joy. https://99u.adobe.com/videos/59411/tina-roth-eisenberg-leading-with-joy#. Zugegriffen: 21. Jan. 2018.

**Katrin Bergfeld** schätzt den Rollenwechsel, dabei war sie u. a. als Beraterin, Gründerin und Produkt- und Service-Entwicklerin auf Dienstleister- sowie Konzernseite im Einsatz. Zuletzt baute sie bei Miles & More, einer unabhängigen Konzerngesellschaft und Teil der Lufthansa AG, ein disziplinübergreifendes Team für digitale Innovation auf und entwickelte mit ihrem Team das digitale Ökosystem weiter.

# Digitalisierung ist nicht die Zukunft

Constance Landsberg

**Zusammenfassung**
Die Digitalisierung ist nicht die Zukunft, sondern sie befindet sich bereits jetzt in vollen Zügen. Bei Constance Landsberg, der ehemaligen Geschäftsführerin der digitalen Bibliothek Skoobe, ist ein Großteil des Alltags seit langer Zeit digitalisiert. In jungen Jahren digitalisierte sie ihre Mitschriften aus der Schule und heute baut das gesamte Geschäftsmodell von Skoobe auf digitalen Inhalten. Allerdings verfolgt die Digitalisierung keinen Selbstzweck. Nur, was nützlich ist, sollte digitalisiert werden und nicht nur, weil man es kann. Außerdem ist auch der menschliche Aspekt nicht zu unterschätzen. So ist es der Unternehmerin wichtig, dass ihr Team persönlich zusammenarbeitet und nicht ausschließlich in Telearbeit. Nur so wachsen die einzelnen Mitarbeiter zu einem Team zusammen.

*Persönliches*

- Immer auf der Suche nach neuen Erfahrungen und Eindrücken
- Wohnhaft bisher u. a. in Leipzig, der Schweiz, Finnland, Peru und München
- Kontakt: https://de.linkedin.com/in/constancelandsberg

---

C. Landsberg (✉)
Ahrensburg, Deutschland

*Das Unternehmen*

- Skoobe GmbH
- Gegründet: 2011
- 25 Mitarbeiter (davon 16 Festangestellte), v. a. tätig in der App- und Produktentwicklung, Programmierung und Qualitätssicherung sowie im Bereich digitales Marketing, Verlagsbetreuung und Administration

**Was ist Ihr wichtigstes persönliches digitales Tool, das Sie nicht mehr missen möchten?**
Das ist ganz klar mein Handy. Mittlerweile mache ich alles mit dem Smartphone, sodass ich häufig nur noch das Handy auf Dienstreisen mitnehme und keinen Laptop mehr. Seitdem Apple die großen Displays rausgebracht hat, kann ich bequem alles vom Handy aus machen, sei es meine Reise organisieren, sei es Bücher lesen, E-Mails beantworten, Zahlen checken, Inhalte präsentiert. Zu Hause genieße ich es auch, vom Smartphone aus unsere Musikanlage und die Heizung zu steuern. Und ich freue mich darauf, wenn weitere Funktionen insbesondere bei der Vernetzung zwischen meiner Umwelt und meinem Handy entstehen.

**Wie zeigt sich Digitalisierung in Ihrem a) persönlichen und b) beruflichen Alltag?**
a) Zu Hause digitalisiere ich außer ein paar Lieblingsstücken so ziemlich alles. Wir haben z. B. zu Hause unsere CD-Sammlung und unsere DVD-Sammlung aufgelöst. Wir haben keinen Fernseher, sondern schauen unsere Lieblingsserien über Netflix auf dem Laptop. Auch bei Dokumenten haben wir radikal reduziert und heben nur noch das auf, was digital nicht rechtskräftig wäre. Alles andere scannen wir ein und werfen es danach weg.
Das einzige, was ich nicht rein digital habe, sind meine Bücher. Auch wenn ich viele Bücher mittlerweile digital lese, weil ich sie so einfach immer verfügbar habe, genieße ich es doch, mich zu Hause mit meinen Büchern zu umgeben.
b) Als Unternehmen, das ein digitales Produkt entwickelt und anbietet, ist alles um uns herum digital. Wir merken uns unsere Ideen digital, wir planen unsere Projekte digital, wir sprechen mit unseren Kunden überwiegend digital. Also müsste man eher andersrum fragen, was in meinem Alltag noch nicht digitalisiert ist. Damit stelle ich mir die Frage, was möchten wir digitalisieren und was eher nicht.
Wir arbeiten immer alle zusammen in einem Büro, in dem wir uns täglich sehen. Es gibt zwar die Möglichkeit für Homeoffice – jedoch grundsätzlich

nur wenige Tage im Monat. Das werden wir auch weiterhin so handhaben, da ich ganz fest daran glaube, dass sich eine gute Teamkultur und -verbundenheit nur dann entwickelt, wenn wir uns regelmäßig persönlich sehen und miteinander reden.

Lästige Dinge hingegen wollen wir digitalisieren wir wie z. B. die Verwaltung. Wir erhalten die meisten Rechnungen mittlerweile per Mail, drucken sie dann aus, damit wir sie unterschreiben und senden sie dann unterschrieben an unseren Dienstleister, der sie wieder scannt und dann bucht. Wir drängen jetzt darauf, dass unser Dienstleister auch digitale Unterschriften zur Zahlungsautorisierung erlaubt.

**Was war Ihr wichtigstes persönliches oder berufliches Erlebnis zum Thema Digitalisierung?**

Da ich seit 10 Jahren in rein digitalen Unternehmen arbeite und mein Privatleben auch weitestgehend digitalisiert habe, habe ich gefühlt keine besonderen Digitalisierungs-„Erlebnisse". Es gab jedoch immer wieder neue Produkte, die mich begeistert haben. Ein großartiges Erlebnis war es, als ich das erste Mal ein Drive Now Auto geöffnet habe. Es war so einfach – einfach zum Auto gehen, es mit dem Smartphone öffen, ein paar Ziffern eingeben und einfach losfahren. Was ich noch nicht verstehe, warum nicht alle Mietwagenfirmen ihre Flotte mit der gleichen Technologie ausstatten. Das wäre so viel bequemer.

**Wie würden Sie Ihren persönlichen Start in die Welt der Digitalisierung beschreiben?**

Ich habe schon sehr früh Kontakt mit Computern gehabt. Als ich 11 Jahre alt war, bekam ich einen C64 geschenkt. An diesem Computer habe ich mich dann mehr schlecht als recht durch Basic gequält. Auch wenn ich sehr stolz war, diesen Computer gehabt zu haben, hat es mir keinen Spaß gemacht, mit ihm Zeit zu verbringen und ich habe auch nicht so richtig einen Nutzen gesehen. Als ich dann 1995 einen Windows-Rechner mit dem damals neuen Betriebssystem Windows 95 erhalten habe, hat sich meine Meinung schlagartig geändert. Neben den obligatorischen Spielen habe ich Artikel für die Schülerzeitung geschrieben und selbst meine Mitschriften aus dem Unterricht abgetippt. Der für mich alles entscheidende Unterschied war die Oberfläche. Ich habe zwar auch mäßig programmieren gelernt, aber ich kann der hässlichen Oberfläche des Terminals einfach nichts abgewinnen und ich glaube, dass dies auch den Unterschied zwischen erfolgreichen und nicht erfolgreichen Digitalprojekten ist. Das Projekt kann noch so sinnvoll sein, wenn die Usability nicht passt, wird das Projekt nie im Endkonsumentenmarkt erfolgreich sein.

**Was haben Sie selbst in Ihrem Unternehmen an Digitalisierung erreicht?**
Als Geschäftsführer eines rein digitalen Unternehmens musste ich gar nicht so viel digitalisieren. Wir arbeiten bereits seit Beginn an weitestgehend digital und agil. Lediglich die Tools haben sich über die Zeit verändert. Während wir uns als junges Unternehmen anfangs viel auf entweder selbst erstellte Software oder wirkliche Basic-Software gestützt haben, haben wir in den letzten Jahren immer mehr Standardsoftware von Spezialisten eingeführt. Ein Beispiel ist die Projektplanung. Zu Beginn haben wir unsere Sprints mit Google Sheets geplant, während wir jetzt Jira nutzen. Ebenso haben wir das Knowledge Management von Google Docs auf Confluence umgezogen oder wir nutzen zur Verwaltung unserer Verlagskontakte das Highrise CRM statt Google Sheets.

**Was haben Sie sich für die nächsten Jahre in Sachen Digitalisierung vorgenommen bzw. wo soll Ihre digitale Reise hingehen?**
Da unser Produkt bereits zu 100 % digital ist, hat Digitalisierung bei uns eine andere Ausrichtung als bei traditionellen Unternehmen. Unser Ziel ist es, Routineaufgaben so weit wie möglich komplett zu automatisieren. Bei komplexeren Themen sehe ich ein großes Potenzial, Machine Learning zu nutzen, um Entscheidungen zu unterstützen. Die größten Effekte erwarte ich aktuell in der Kundenbetreuung oder in der Marketingsteuerung.

**Wie beurteilen Sie die Relevanz der Digitalisierung für Gesellschaft, Wirtschaft und Politik: a) Wie wird Digitalisierung Ihrer Meinung nach in 25 Jahren Gesellschaft, Wirtschaft und Politik prägen? b) Wie stehen Sie persönlich dazu und was wünschen Sie sich dafür?**

a) Das ist eine unheimlich breite Frage, denn die Digitalisierung wird jeden Lebensbereich prägen. Grundsätzlich glaube ich auch, dass die aufkeimende Gegenbewegung des „Offline-Seins" größer werden wird. Exemplarisch möchte ich drei Bereiche herausgreifen, die nicht so häufig genannt werden wie die medienwirksamen selbstfahrenden Autos oder die aktuell gehypte Blockchain.
*Offline sein wird zum Luxusgut* Daten geben zum Beispiel Versicherern einen großen Vorteil, was die Bestimmung von Risiken angeht. Dementsprechend liegt es natürlich im Interesse vieler Unternehmen, so viele Daten wie möglich zu sammeln und sicher zu stellen, dass diese möglichst ehrlich sind. Und was gäbe es ehrlicheres als Daten, die nicht explizit von Menschen eingegeben werden müssen, sondern direkt während des Alltags gesammelt werden z. B. durch Sensoren auf oder unter der Haut. Nun lässt sich nicht jeder einfach so davon überzeugen, sich einen Chip unter die Haut einsetzen zu lassen, der

einen zwar einerseits daran erinnert, sich gesund zu ernähren aber andererseits die Daten an die Krankenversicherung weiterleitet. Also wird es wohl finanzielle Anreize dafür geben, den Chip zu transplantieren und dann auch für gesundes Verhalten. Wahrscheinlich werden die Beiträge für Nicht-Chip-Träger irgendwann so hoch, dass es sich nur finanzkräftige Personen leisten werden können, offline zu sein und damit besitzen dann nur finanzkräftige Personen den Luxus, ein komplett selbst bestimmtes Leben zu führen.

*Fleisch wird gesund* Ein ähnliches Phänomen erwarte ich in der Ernährung. Ich glaube, dass mit Fortschreiten der 3-D-Druck-Technologie auch das Drucken von Fleisch immer besser funktionieren wird. Damit glaube ich, dass der Fleischgenuss der Massen durch billiges und gesünderes (z. B. ohne Antibiotika) „Retorten"-Fleisch gedeckt werden wird. Da traditionelle Bauern nicht mit diesen Kampfpreisen mithalten können, wird dies dazu führen, dass sie sich auf die Nische des hochwertigen „echten" Fleischs konzentrieren werden. Die Kunden, die sich dieses Fleisch leisten werden können, werden Wert darauf legen, dass die Tiere artgerecht gehalten und nicht mit Medikamenten vollgestopft werden müssen, um gesund überleben zu können.

*Unternehmen werden zu kleineren Einheiten* In Bezug auf die Arbeitswelt glaube ich, dass sich durch die Digitalisierung insbesondere die Struktur von Unternehmen ändern wird. Ich glaube, dass langfristig sich kleine spezialisierte Teams zusammenfinden und diese sich temporär mit anderen spezialisierten Teams verbinden, um Produkte zu entwickeln und zu vermarkten. Diese Teams können auch örtlich zusammenarbeiten, dank der Digitalisierung müssen sie dies jedoch nicht. Diese Entwicklung wird jedoch nicht von Unternehmen getrieben, sondern ich beobachte immer mehr Arbeitnehmer, die Lust auf Projekte haben. Der Wunsch nach einer festen Anstellung sinkt insbesondere in der Digitalbranche.

b) Ich glaube, dass die Digitalisierung die Lebensqualität vieler Menschen noch weiter verbessern wird und dass durch die Digitalisierung es möglich wird, zum Beispiel große Probleme der Menschheit wie Hunger und Krankheiten weiter zu reduzieren. Zusätzlich denke ich, dass Menschen durch mehr Automatisierung noch mehr Freizeit haben werden. Dies ermöglicht große Freiheit, bedeutet jedoch eine Herausforderung, da man mit dieser Freiheit auch umgehen können muss.

Ich wünsche mir, dass wir als Gesellschaft frühzeitig die Chancen und Risiken diskutieren und eine eigene Ethik dafür entwickeln, was wir wollen und was wir nicht wollen. Desweiteren wünsche ich mir, dass wir Kinder schon früh mit den Optionen der Digitalisierung vertraut machen und auch in der Schule die Chancen und Risiken diskutieren. Die Digitalisierung ist an sich weder gut noch böse, sondern sie ist einfach. Und es liegt an uns, wie wir sie nutzen. Ich bin jedoch davon überzeugt, dass wir es positiv gestalten und deshalb schätze ich die Auswirkungen der Digitalisierung als positiv ein.

**Constance Landsberg**, 38, reist als Digitale Nomadin und Bloggerin des Blogs www.720-days.eu für zwei Jahre durch Europa. Von 2014 bis 2018 war sie Geschäftsführerin der eBook-Bibliothek Skoobe. Zuvor verantwortete sie als Direktorin New Markets bei der HolidayCheck AG die Erschließung neuer Märkte und startete 2009 in der Digitalbranche bei der Tomorrow Focus AG. Ihre berufliche Karriere begann Constance bei der Beratungsgesellschaft PricewaterhouseCoopers. Die Diplom-Kauffrau absolvierte ihr Studium an der Handelshochschule in Leipzig mit Stationen in Peru und Finnland.

# The winner takes it all?

## Von Chancen und Nebenwirkungen der Digitalisierung

Sabine Stengel

### Zusammenfassung

Dass die Digitalisierung fundamentale Auswirkungen auf ihre Arbeitsprozesse und ihr Angebot haben wird, hat die Unternehmerin Sabine Stengel unmittelbar selbst erfahren. Um die Jahrtausendwende profitierte sie mit ihrer Kartografiefirma von den neuen digitalen Möglichkeiten. Doch innerhalb einer Dekade wurde die ganze Branche ausradiert, mit Stengels einst innovativem Geschäftsmodell war bald kein Geld mehr zu verdienen. Von Politik, Wirtschaft und Gesellschaft wünscht sie sich einen breiteren Diskurs über Möglichkeiten und Grenzen der digitalen Technologie, gerade wenn eine Handvoll digitaler Monopolisten die für alle anderen geltenden Regeln ignoriert. Heute unterstützt Stengel als Ideenretterin junge Unternehmerinnen und Unternehmer bei der Umsetzung ihrer Ideen. Eine ihrer Botschaften: Lasst uns wieder Verantwortung für unser Handeln übernehmen – statt sie an Algorithmen zu delegieren.

*Persönliches*

- Diplom-Ingenieurin für Kartografie
- Gründerin und Geschäftsführerin von cartogis GmbH und Die Ideenretter GmbH
- Begeistert von Menschen, ihren Geschichten und Lebenswegen sowie vom lebenslangen Lernen

---

S. Stengel (✉)
Die Ideenretterin, Berlin, Deutschland
E-Mail: hallo@die-ideenretterin.de

*Das Unternehmen*

- cartogis GmbH – einfach schöne Landkarten
- Gegründet: August 1996
- Zwischen 5 und 10 Mitarbeiter, 100 % in IT-Berufen (Kartografen, Programmierer, Webdesigner); Frauenanteil im Unternehmen: 50 bis 70 %

**Was ist Ihr wichtigstes persönliches digitales Tool, das Sie nicht mehr missen möchten?**
Mein Smartphone (iPhone, aber nicht, weil ich auf Kultobjekte stehe, sondern weil ich mir einbilde, es sei sicherer als Android) mit meinem Mailprogramm, den Messengern Signal und Telegram (ich nutze prinzipiell kein Facebook/WhatsApp). Dies ermöglicht mir, überall zu arbeiten, und damit eine hohe Unabhängigkeit. Zweitwichtigste Funktion: Es gibt den Flugmodus und einen Aus-Knopf.

**Wie zeigt sich Digitalisierung in Ihrem a) persönlichen und b) beruflichen Alltag?**
*a) Digitalisierung ist ein Gewinn* In meinem Alltag ist Digitalisierung selbstverständlicher Bestandteil meines Lebens. Ich liebe Spotify, ich höre gerne Klassik und entspannte Musik beim Schreiben und beim Entwickeln von Konzepten – da ist dieses Helferlein ein großer Gewinn.

Nach der DVB-T2-Umstellung habe ich meinen Fernseher abgeschafft. Wenn ich ab und an einen Film im öffentlich-rechtlichen Fernsehen ansehen möchte, schaue ich diesen als Live-Stream oder in der Mediathek. Das ist schon ein grundlegender Gewohnheitswandel. Streamingdienste wie Netflix nutze ich nicht, ich versuche immer wieder meine Mediennutzung zu reduzieren, um mich besser fokussieren zu können.

Wir haben uns an viele Digitalisierungstools schon so gewöhnt, dass wir uns gar nicht mehr vorstellen können, wie es vorher ohne ging. Wie hat man sich vor 20 Jahren nur verabredet ohne Smartphone und Messenger? Wie haben Menschen zusammengefunden ohne Online-Partnerbörsen, wie sich orientiert ohne Google Maps? Rechnungen überweisen ohne Online-Banking, heute undenkbar.

*Grenzen der Digitalisierung im privaten Umfeld* Andererseits ziehe ich auch klare Grenzen: Ich weigere mich, in meiner Wohnung sogenannte persönliche Assistenten wie Alexa oder Siri einzusetzen. Meine Privatsphäre ist mir wichtig und ich will nicht, dass mir ein Gerät 24 h bei allem zuhört, was ich sage und tue. Ich weiß, man kann das ausschalten – wenn man dran glaubt … Ich hoffe, dass mein Vermieter nicht irgendwann „intelligente" Rauchmelder und andere

IoT-Gadgets in meiner Wohnung installiert. Grundsätzlich überlege ich bei jedem Einsatz digitaler Tools, wo genau sie meinen Alltag oder auch meine Arbeit unterstützen und verbessern können. Für mich ist Digitalisierung niemals Selbstzweck.

*b) Digitalisierung im Unternehmen als Erfolgsbringer* In meinem beruflichen Umfeld ist Digitalisierung nicht mehr wegzudenken. Mein geschäftlicher Erfolg in den vergangenen 23 Jahren wäre ohne Computer, Internet, E-Mail nicht möglich gewesen. Die traditionelle manuelle Herstellung von Landkarten war unglaublich aufwendig. Mit Beendigung meines Ingenieurstudiums gab es die ersten bezahlbaren und praktikablen digitalen Anwendungen. Nur damit konnte ich mein Geschäftsmodell, die individuelle Herstellung digitaler Landkarten, überhaupt entwickeln und so viele Jahre erfolgreich sein: Wir konnten schnell agieren und produzieren und noch schneller ausliefern (Abb. 1).

*Digitalisierung verändert Wertigkeit* Die Digitalisierung hat in nicht einmal 20 Jahren dazu geführt, dass es meinen Beruf und meine Branche nicht mehr

**Abb. 1** „Wo finde ich meine Kunden?" cartogis gibt Antworten mit digitalem Geomarketing auf der GeoBIT in Leipzig, 1999. (Quelle: persönliches Archiv)

gibt! Heute werden Karten nicht mehr digital gezeichnet, sondern aus Geo-Datenbanken generiert und als Online-Anwendungen programmiert. Dabei geht, wie bei vielen anderen digitalen Produkten auch, die „Seele" der Karte verloren, die Wertigkeit, dieses Fingerspitzengefühl für eine schöne Gestaltung.

Mich persönlich irritiert das hohe Tempo der Innovation – nach einer halben Generation ist Wissen komplett überholt. Aber wir sind keine Opfer der Geschwindigkeit, wir alle laufen eifrig immer schneller mit im Hamsterrad und beschleunigen es dadurch. Gleichzeitig bin ich immer wieder überrascht, dass niemanden mehr zu interessieren scheint, wie Dinge eigentlich entstehen! Wenn ich Jugendlichen meine Landkarten zeige (Abb. 2), fragen die ganz erstaunt: „Wie, das haben Sie gezeichnet?" Im Internet scheint alles immer „da" und kostenfrei verfügbar zu sein. Wir alle bezahlen ja einen Preis für die Nutzung (Stichwort Nutzerdatenanalyse), aber dieser Preis ist unsichtbar. Andererseits ist auch der Aufwand, also der Wert, der hinter qualitativ hochwertigen digitalen Produkten steckt, nicht unmittelbar sichtbar. Die Wertigkeit der Dinge hat sich durch die Digitalisierung verändert.

**Was war Ihr wichtigstes persönliches oder berufliches Erlebnis zum Thema Digitalisierung?**

*Carsharing 1.0 und 4.0* Ich arbeitete mit meiner Firma 1999 für eines der frühen Carsharing-Unternehmen in Hamburg und Berlin. Die Idee an sich war

**Abb. 2** Sabine Stengel als Innovationsmoderatorin für die Initiative Neues Lernen e. V. an Schulen. (© Christian Obad, INL)

schon damals gut, Platz und Ressourcen zu schonen, indem man Autos nicht selbst besitzt, sondern sie teilt. Aber das Ausleihen (damals noch mit Vorbuchung des Wagens über eine Website im Browser) und die Rückgabe der Pkw an festgelegten Standorten war viel zu umständlich. Das Unternehmen gab auf.

Durch die Entwicklung von Smartphones mit Lokalisierungs-Apps hat die gute Idee des Carsharings 15 Jahre später erst richtig gezündet, weil es plötzlich so unkompliziert war. Außerdem war die „Customer Journey", also der komplette Kundenkontakt von der Recherche des nächstgelegenen Autostandortes bis zur Buchung und zum Abstellen des Autos, sehr benutzerfreundlich und niedrigschwellig gestaltet. Da habe ich verstanden, dass radikale Geschäftsmodellinnovationen ein grundlegendes Umdenken und Infragestellen bestehender Abläufe erfordern und gleichzeitig auch die Rahmenbedingungen stimmen müssen, um Erfolg zu haben.

*Freie Stadtpläne der ganzen Welt – die OpenStreetMap* Heutzutage kann sich kaum jemand vorstellen, wie kompliziert es noch vor 20 Jahren war, legale und verlässliche Landkartengrundlagen zu beschaffen. Unvorstellbar aber wahr – es gab eine Zeit vor Google Maps, in der es keine Navigationssysteme und keine Ortungsfunktion gab. Man nutzte gedruckte und eingescannte amtliche topographische Karten als Grundlage für die Herstellung von Landkarten und Stadtplänen (Abb. 3). Für diese Karten musste man bei den Landesvermessungsämtern hohe Nutzungsgebühren zahlen, wenn man z. B. das Straßen- und Radwegenetz in eigene Karten übertragen wollte. Diese Lizenzgebühren waren höher als unsere kompletten Arbeitskosten, um die Karte neu zu zeichnen. Illegales Abmalen war auch keine Option, da die Landesvermessungsämter dafür berüchtigt waren, durch Abmahnungen und Gerichtsverfahren Kartographiefirmen in den Ruin zu treiben.

2007 entdeckte ich das Projekt OpenStreetMap (openstreetmap.org), eine freie Weltkarte, die von Nutzern selbst online gezeichnet wird. Diese Daten werden der Öffentlichkeit unter einer offenen Lizenz, der OpenDatabaseLicense, kostenfrei zur Verfügung gestellt.

Stadtpläne von der ganzen Welt, aktuell, gezeichnet von Kartenenthusiasten und frei zur Verfügung gestellt, sogar kommerziell nutzbar für jedermann? Eine Revolution! Ich war begeistert von dem Projekt, entwickelte Geschäftsmodelle mit meinen Mitarbeitern, hielt Vorträge und schrieb Artikel darüber. Im Jahr 2009 gehörte ich als eine der wenigen Frauen in der Community zu den 100 aktivsten osm-Mappern in Deutschland. In jeder freien Minute zeichnete ich ehrenamtlich Straßen, Wege, Häusergrundrisse und Hausnummern in den Stadtplan von Berlin. Immer wenn ich im Urlaub oder in einer anderen Stadt war, kartierte ich Objekte und zeichnete

**Abb. 3** Wie werden Karten eigentlich „gemacht"? Arbeitsplatz zur Herstellung digitaler Landkarten. (Quelle: persönliches Archiv)

sie in den Datenbestand ein. Heute werden die Daten der OpenStreetMap sogar in hochoffiziellen Webmapping-Anwendungen und von globalen Navigationsdatenanbietern genutzt. Diesen Erfolg eines ehrenamtlichen Crowd-Mapping-Projektes hätte beim osm-Start 2004 niemand für möglich gehalten. Zehn Jahre später zählte osm 2,3 Mio. registrierte Benutzer – unglaublich.

*Frau, blond, alt – „du hast doch keine Ahnung ..."* Mit meinen heute 55 Jahren bin ich eine Digitalisierungs-„Oma". Das fand wohl auch so manch junger Hüpfer in den letzten 23 Jahren und versuchte mich für dumm zu verkaufen. Als die Phase der App-Entwicklung gerade begann, erzählte mir ein 18-jähriger Programmierer, wie wahnsinnig kompliziert so eine App-Entwicklung sei – und dass sie deshalb auch so exorbitant teuer sein müsse... Bei solchen Aussagen werde ich sofort misstrauisch. Ich finde es wichtig – zumindest grob – zu wissen, wie Dinge funktionieren, deshalb buchte ich beim Lette Verein in Berlin einen Weiterbildungskurs zur iPhone-App-Programmierung. In acht Abendveranstaltungen lernte ich, wie man eine App konzipiert und programmiert. Ich war stolz wie Oskar, als ich meine erste eigene App auf mein Smartphone geladen hatte. Jetzt weiß ich, wie es geht, ich kann es sogar selbst – deshalb kann ich diese Aufgabe jetzt gut abgeben.

**Wie würden Sie Ihren persönlichen Start in die Welt der Digitalisierung beschreiben?**
*Mein erster Computer im Jahre 1988:* ein AT Ende der Achtzigerjahre waren PCs in Privathaushalten noch etwas ganz Besonderes. Jeden Cent, den ich mir neben meinem Studium verdiente, sparte ich, um mir meinen ersten eigenen Computer zu kaufen. Dieser IBM PC AT hat damals für mich ein kleines Vermögen gekostet.

Warum ich das tat? Schon als Kind wollte ich wissen, wie Dinge funktionieren. Meine Karriere als angehende Feinmechanikerin nahm jedoch ein jähes Ende, als ich mit zehn Jahren unsere mechanische Familienschreibmaschine in ihre Einzelteile zerlegte – und mein Vater sie anschließend zähneknirschend wieder zusammenbauen musste. Ich wollte einfach wissen, wie Computer und Anwendungen funktionieren, was ein Programm macht und warum, wie man programmiert und wie ich diese Maschine dazu bringe, mir das Leben leichter zu machen. Ich baute Speichererweiterungen und Festplatten ein und aus. Ich brachte mir MS-DOS selbst bei, lernte BASIC und probierte aus, wie ich mit dem Zeichenprogramm AutoCAD (das für die Architektur konzipiert war) Landkarten zeichnen kann. 1990 war ich eine der ersten meines Studienganges, die ihre Landkarten für die Diplomarbeit komplett am Computer zeichnete. Für meine Abschlussarbeit leistete ich mir eine echte Innovation: einen Farbnadeldrucker! Für einen A4-Ausdruck rödelte der Drucker über Nacht zehn Stunden im Dauerbetrieb, während ich nebenan zu schlafen versuchte. Heute unvorstellbar.

*Wie kommt man bei Google auf Platz eins?* 1998 – mein Unternehmen war grade zwei Jahre jung – hatte ich meine erste eigene Homepage. Damit war ich Pionierin in meiner sehr traditionellen Branche. Konzeption, Texte, Bilder, alles entwickelte ich selbst. Ganze vier Monate beschäftigte ich mich neben meinem Tagesgeschäft mit der Recherche, welche Begriffe Nutzer eingeben könnten, wenn sie nach Landkarten suchen. Ich habe einfach jedem, dem ich begegnete, verschiedene Typen von Landkarten gezeigt und gefragt, wie sie das bezeichnen würden. Die einen nennen es „topographische Karte", die anderen „Straßenkarte" oder „Stadtplan", die dritten „geographische Karte", wieder andere „Umgebungsplan". Bevor es den Begriff SEO gab, hatte ich meine Webseite so optimiert, dass ich im deutschsprachigen Raum bis 2006 unangefochten auf Platz eins bei

Google stand – und das, ohne einen Cent für Werbung auszugeben. Eine Kundin von mir rief mich einmal genervt an und sagte: „Frau Stengel, das gibt es nicht, egal was ich zu Landkarten suche, ich komme immer zu Ihnen." Yeah, alles richtig gemacht, dachte ich! Der Aufwand dafür hatte sich wirklich gelohnt, denn 90 % unseres Neukundenumsatzes und unsere größten Kunden kamen damals über unsere umfangreiche und top-platzierte Website.

**Was haben Sie selbst in Ihrem Unternehmen an Digitalisierung erreicht?**
Unsere Landkartenproduktion, die Vertriebs- und Lieferwege über das Internet, die Kundenverwaltung, die Abläufe im Unternehmen vom Auftragseingang über die Auftragsbearbeitung bis zum Projektmanagement waren komplett digital. Manches digitale Projekt haben wir umgesetzt – und dann aber auch wieder eingestampft. 2004 hatte ich einen der ersten Content-Download-Shops für digitale Landkarten im deutschsprachigen Raum gestartet. Als „Instantkarten", später unter dem Namen „maps top go", konnten sich Werbeagenturen digitale Landkartenvorlagen (beispielsweise Weltkarten für einen Geschäftsbericht) im Vektorgrafikformat herunterladen und sofort damit weiterarbeiten. Zusammen mit unseren sehr kundenfreundlichen Lizenzbedingungen hatten wir damit eine echte Innovation entwickelt.

Da es damals noch keine fertigen Content-Onlineshop-Systeme gab, haben wir ihn unter osCommerce selbst programmiert. Das lief super – bis unser Shop aufgrund einer Sicherheitslücke gehackt wurde, ein großer Schock für uns. Glücklicherweise waren dort keinerlei sensible Kunden- oder Bezahldaten gespeichert.

Nach Aufspielen des Back-ups und Schließen der Sicherheitslücke wollte ich im Zuge eines Shop-Relaunches dann unseren Kunden das Online-Bezahlen vereinfachen. Das war damals noch ein großes Problem, PayPal und Kreditkartenzahlung funktionierte noch nicht so sicher und unkompliziert wie heute. Aber der Aufwand, um unseren Shop noch sicherer zu machen und die hohen Datenschutzbestimmungen in Deutschland zu erfüllen, stand in keinerlei Verhältnis zu dem Umsatz, den wir damit erzielt haben. Deshalb habe ich höchstpersönlich unseren Onlineshop vom Server gelöscht. So eine Entscheidung tut dann auch mal richtig weh!

**Was haben Sie sich für die nächsten Jahre in Sachen Digitalisierung vorgenommen bzw. wo soll Ihre digitale Reise hingehen?**
Mit der Herstellung individuell gestalteter Landkarten kann man heute kein Geld mehr verdienen. Durch das Monopol von Google Maps wurde eine ganze Dienstleistungsbranche ausradiert. Kein Grund zu jammern, es ist, wie es ist – die Welt dreht sich weiter. Daher habe ich die cartogis GmbH umgewandelt in

Die Ideenretter GmbH. Alle digitalen Abläufe und Learnings der vergangenen 23 Jahre werde ich auch in der neuen Firma weiter nutzen.
Mit meinem neuen Unternehmen mache ich Menschen Mut, ihre Ideen Schritt für Schritt umzusetzen. Diese innovativen Trainings, die ich selber designe, werden als Blended Learning gestaltet, also Präsenztage unterstützt durch Onlinekurse. Soeben habe ich in einem Volkshochschulkurs gelernt, wie ich mit meinem Smartphone Videos drehe und schneide. Das ist das nächste, was ich für meine neue Webseite umsetzen will.

**Wie beurteilen Sie die Relevanz der Digitalisierung für Gesellschaft, Wirtschaft und Politik: a) Wie wird Digitalisierung Ihrer Meinung nach in 25 Jahren Gesellschaft, Wirtschaft und Politik prägen? b) Wie stehen Sie persönlich dazu und was wünschen Sie sich dafür?**
*a) Gesamtgesellschaftliche Umwälzungen* Wir haben in Deutschland keinen gemeinsamen Begriff von „Digitalisierung". Das ist eine leere Worthülse, in die jeder seine Vorstellungen hineinprojiziert. Die einen verstehen darunter den Breitbandausbau, die anderen die Entwicklung disruptiver Geschäftsmodelle. Da wünsche ich mir dringend einen gesellschaftlichen Diskurs und einen gemeinsamen Basisbegriff. Die Digitalisierung wird die uns bekannte Welt, herkömmliche Produktionsverfahren und Vertriebswege weiter verändern, auf eine Art und Weise, die wir uns alle noch gar nicht vorstellen können. In Zeiten von VUKA und Unsicherheit werden die einen die sich daraus ergebenden Chancen nutzen und die anderen den Veränderungen begegnen, indem sie sich weiter abgrenzen und einer nie da gewesenen „guten alten Zeit" hinterher trauern. Ich finde, wir müssen den Gewinn, den uns eine offene, freie und heterogene digitale Welt und Gesellschaft gibt, viel offensiver kommunizieren.

*Was tun, wenn es ganze Branchen nicht mehr gibt?* Ich selbst habe erlebt, wie Berufe und ganze Branchen innerhalb weniger Jahre atomisiert werden. Politik und Gesellschaft haben darauf bisher keine Antwort. Manche Politiker träumen von der Vollbeschäftigung, große Teile der Gesellschaft beharren andererseits stur auf der Verteidigung ihrer Pfründe. Ich bin gespannt, was passiert, wenn der erste große Automobilkonzern mit seinen Zulieferbetrieben insolvent geht. Dann sind auf einen Schlag nicht hunderte, sondern zigtausende Mitarbeiter arbeitslos. Insofern finde ich es mutig, auch von einigen Politikern, das bedingungslose Grundeinkommen wenigstens mal provokativ in das öffentliche Bewusstsein zu bringen. Es wird dringend Zeit, mutige Fragen zu stellen!

*Wir lernen aus unseren Fehlern* Die Digitalisierung ist, auch wenn es sich anders anfühlt, eine ganz junge technische Erfindung, mit der wir noch keine wirkliche Erfahrung haben. In der digitalen Kommunikation wird vor allem der visuelle Sinn angesprochen, andere Wahrnehmungskanäle und unser Instinkt, der in der realen Welt evolutionär unser Überleben sichert, sind ausgeschaltet. Wir haben (noch) keine Schutzmechanismen entwickelt, wie wir den Gefahren dieser Technik (Datenschutz, Identitätsdiebstahl, Schutz kritischer Infrastrukturen) begegnen. Das ist ähnlich wie nach der Entdeckung der Radioaktivität, die Gefahr, die Toxizität war unsichtbar und ein sicherer Umgang mit der neuen Technik entwickelte sich erst mit der Zeit. Ich bin mir sicher, wir lernen mit den Risiken besser umzugehen. Aber wie bei allen Veränderungen werden wir leider nur aus Fehlern klug werden, und bis dahin wird es uns an einigen Stellen noch ganz schön weh tun.

*The winner takes it all* Ich sehe, dass sich durch Monopolisten wie Google und Amazon eine neue Wirtschaftsstruktur bildet, die bisher von der Gesellschaft scheinbar widerspruchsfrei hingenommen wird. Mit sehr viel Geld (ja, und der ein oder anderen guten Idee) werden Unternehmen innerhalb kürzester Zeit aufgeblasen, bis sie den Markt beherrschen. „The winner takes it all", für den Rest bleiben nur die Krümel übrig. Und dank ihrer marktbeherrschenden Stellung und kluger Berater, müssen diese Global Player nur wenig Steuern bezahlen. Die traditionell mittelständisch geprägte deutsche Wirtschaft ist dagegen vielfältig, sie besteht aus verschiedensten Akteuren, von Weltmarktführern über mittelerfolgreiche bis hin zu ganz kleinen Unternehmen. Und diese finanzieren wiederum unser öffentliches Leben. Was machen die Kommunen, was macht der Staat, wenn es diese vielen kleinen Steuerzahler nicht mehr gibt?

*b) Digitale Isolation überwinden durch menschliche Begegnungen* Digitalisierung ermöglicht einerseits, dass Menschen am anderen Ende der Welt via Skype in meinem Wohnzimmer sitzen, andererseits isoliert sie die Menschen weiter. Welche Familie redet denn am Esstisch noch miteinander? Ich bin davon überzeugt, dass jede Bewegung auch eine Gegenbewegung erzeugt. Begegnungen von Angesicht zu Angesicht werden wieder wichtiger, die Bedeutung echter und zuverlässiger Freundschaften wird wachsen. Ich freue mich über die Kinder von Freunden, die ihre Smartphones ganz bewusst zuhause lassen, wenn sie mit ihren Kumpels ausgehen, damit sie miteinander reden!

*Was habe ich produziert?* Ich möchte viele der Errungenschaften der Digitalisierung nicht mehr hergeben. Bücher per Hand oder Schreibmaschine schreiben? Nein danke. Andererseits hat mich in all den Jahren meiner Landkartenfirma immer frustriert, dass ich selten ein anfassbares Ergebnis meiner Arbeit in Händen halten konnte – eine Datei ist eben kein Paar Schuhe und kein Laib Brot. Ich glaube, dass all diese virtuellen Produkte unserer Arbeit uns Menschen auf Dauer unzufrieden und unglücklich machen. Vielleicht lässt sich so der anhaltende Trend zur Do-it-yourself-Bewegung erklären.

*Künstliche Intelligenz – Verschieben von Verantwortung?* Alle reden über die großen Chancen der Digitalisierung, aber wo ziehen wir die Grenzen?! Wo diskutieren wir, dass Dinge zwar technisch möglich sind, aber dass wir sie schlichtweg nicht umsetzen wollen. Und: werden wir die Diskussion mit allen gesellschaftlichen Akteuren führen oder haben sich einige aus dem Diskurs schon endgültig in ihre Filterblase zurückgezogen, weil die Themen scheinbar so kompliziert sind, dass es schlichtweg zu anstrengend scheint, sich damit auseinanderzusetzen?

Ich verfolge kritisch die Diskussionen über die Weiterentwicklung der künstlichen Intelligenz. Dass Algorithmen bessere Entscheidungen treffen, ist für mich eine Illusion und einfach nur der Versuch, die Verantwortung für Entscheidungen an eine „höhere Instanz" zu delegieren. Das erinnert mich an die vorgeblichen Gottesurteile im Mittelalter – nach dem Motto, nicht ich als Inquisitor habe entschieden, dass du eine Hexe bist und sterben musst, sondern Gott …

Ich bin ein Kind der Achtzigerjahre und ich weiß, wie schrecklich sich der Kalte Krieg angefühlt hat. Ich will nicht, dass ein Algorithmus über die Zukunft der Welt entscheidet. Wir müssen uns dringend zu den Grenzen des Technologieeinsatzes positionieren. Das Argument „wenn wir es nicht machen, dann machen es halt die anderen" ist ungültig, wie man am Beispiel der Europäischen Datenschutzgrundverordnung sieht. Einer muss anfangen. Technik ersetzt weder unseren Verstand noch unsere Fähigkeit zur Menschlichkeit. Ich weiß es jedenfalls zu schätzen, dass ich inzwischen mehr mit Menschen als mit Maschinen und Daten arbeite!

**Sabine Stengel** Geboren 1964 in Nürnberg, seit 1986 begeisterte Berlinerin. Leidenschaftliche Unternehmerin, Mentorin und Expertin für Entrepreneurship Education, vom Bundeswirtschaftsministerium zur „Vorbildunternehmerin" ernannt. Sabine Stengel hat erfahren, wie ein globales Unternehmen (GoogleMaps) eine ganze Branche, die Kartografie, ausradiert. Viele Jahre hat sie sich erfolgreich und ideenreich gegen den Giganten behauptet, und sich schlussendlich für einen neuen Weg entschieden.

Mit Ende 40 hat sie nochmal studiert: Innovationsmanagement an der Leuphana Universität in Lüneburg. Nach Weiterbildungen zur Innovationsmoderatorin, -trainerin und -coach gibt sie ihr Erfahrungswissen jetzt als Ideenretterin weiter.

Als Autorin und Speakerin berichtet sie humorvoll von ihren Erfahrungen und macht jungen Menschen Mut, den Schritt in die Selbstständigkeit als Chance für einen inspirierenden Lebensweg zumindest in Betracht zu ziehen. Daneben ist sie ehrenamtlich engagiert, viele Jahre war sie aktives Mitglied im Verband dt. Unternehmerinnen (VdU) sowie im Vorstand für die Initiative Neues Lernen, einem gemeinnützigen Verein, der sich zum Ziel gesetzt hat, Schule zu verändern.

# Digitalisierung verschafft Freiräume

Sumi Chumpuree-Reyntjes

> **Zusammenfassung**
> Die Digitalisierung ist eine Revolution. Sie bietet ungeahnte Möglichkeiten Produkte zu vernetzen und neue, komplexe Anwendungen zu schaffen. Da die Digitalisierung die Zukunft unsere Kinder sein wird, müssen wir diese darauf vorbereiten und vor allem der Bildungsbereich muss hier Vorreiter werden. Viele Unternehmen hinken bei der Nutzung der technologischen Möglichkeiten noch etwas hinterher, obwohl die Digitalisierung helfen kann, Prozesse zu beschleunigen und zu optimieren.

*Persönliches*

- Sales Director D-A-CH bei Twitch
- Gebürtige Thailänderin
- Mutter von zwei Kindern

*Das Unternehmen*

- Twitch Interactive GmbH
- Gegründet: 2011
- Seit 2014 Amazon-Tochter

---

S. Chumpuree-Reyntjes (✉)
Hamburg, Deutschland
E-Mail: chumpuree@gmail.com

**Was ist Ihr wichtigstes persönliches digitales Tool, das Sie nicht mehr missen möchten?**
Mein Smartphone. Als „Working Mum" koordiniere ich auch Zu Hause alle Termine und beantworte zudem 24/7 E-Mails. Es ist häufig so, dass ich auch schnell mal beim Eishockeyturnier meines Sohnes arbeite oder zwischendurch mit meinem Team kommuniziere. Ich liebe meine Arbeit und den Austausch mit den Kollegen und Kolleginnen. Die besten Ideen entstehen sowieso außerhalb der üblichen Arbeitszeit.

**Wie zeigt sich Digitalisierung in Ihrem a) persönlichen und b) beruflichen Alltag?**
a) Die Digitalisierung ermöglicht mir die Vereinbarkeit von Familie und Beruf. Ich kaufe alltägliche Gebrauchsgegenstände ausschließlich Online, lasse mir den Einkauf nach Hause liefern und buche Arzttermine für die Kinder ohne dabei ewig am Telefon zu hängen. Die Terminkoordinierung mit meinem Mann und unserem Au-pair erfolgt ausschließlich digital. Mit meinen Freunden bin ich jederzeit in Kontakt und verabrede mich zum Sport oder Abendessen über den Chat. Meine Eltern Leben seit 2015 wieder in Thailand und haben dennoch die Möglichkeit, dank Videochat, bei allen wichtigen Ereignissen der Familie live dabei zu sein. All das ergibt eine Lebensqualität, die ich nicht mehr missen möchte und verschafft mir Freiräume. Ich kann mich auf das Wesentliche konzentrieren: Auf die Zeit mit der Familie und den Freunden.
b) Seit mehr als 14 Jahren arbeite ich nun in der digitalen Medienbranche. Anfänglich an einem Computer, welcher fest an meinem Arbeitsplatz installiert war, und seit ca. zehn Jahren mit einem Notebook. In meinem Beruf bin ich sehr viel unterwegs und nicht mehr räumlich oder zeitlich an einen Ort gebunden. Ich kann meine Arbeit jederzeit, von jedem Ort aus, mobil steuern und erledigen. Trotz dieser tollen Möglichkeiten bin ich dennoch ein Verfechter von regelmäßigem und vor allem persönlichem Austausch, da einige Themen einfach nicht rein digital bzw. telefonisch geklärt werden können. Daher bestehe ich auf mindestens ein bis zwei Teammeetings pro Woche mit Anwesenheitspflicht, auch um den Teamgeist zu stärken und Synergien zu bilden.

**Was war Ihr wichtigstes persönliches oder berufliches Erlebnis zum Thema Digitalisierung?**
Das Internet hat die Welt verändert und die Digitalisierung hat maßgeblich das Konsumverhalten geprägt. Wenn man sich allein mal die Unterhaltungsindustrie anschaut: Kaum einer kauft heute noch CDs oder schaut Fernsehen. Vermehrt werden hierfür sogenannte Streaming-Dienste wie Amazon Prime Video, Twitch,

Amazon Music und viele mehr genutzt. In meinem Berufszweig, *Digital Media*, sind dank des Internets viele Arbeitsplätze geschaffen worden und die Entwicklung sieht auch weiterhin sehr positiv aus. Um ein Beispiel zu nennen: allein in der ESports-Wirtschaft, die es ohne Digitalisierung nicht geben würde, wird laut Newzoo bis zum Jahr 2020 ein Umsatz von 1,49 Mrd. US$ prognostiziert.

**Wie würden Sie Ihren persönlichen Start in die Welt der Digitalisierung beschreiben?**
Ich habe meinen Mann vor elf Jahren kennengelernt und er lebte damals noch in Rotterdam. Länderübergreifende Telefonate waren noch sehr kostspielig, also nutzten wir MSN Messenger und Skype für die Kommunikation. Das war mein Einstieg in die digitale Welt. Im Arbeitsleben begann es mit dem ersten Blackberry und alles andere hat sich dann nach und nach integriert: Facebook, WhatsApp und Co. Mein Sohn hat mir auf einer Geschäftsreise vor ein paar Wochen seine erste Sprachnachricht geschickt. Zunächst war dies etwas befremdlich aber inzwischen senden wir uns regelmäßig Sprachnachrichten.

**Was haben Sie selbst in Ihrem Unternehmen an Digitalisierung erreicht?**
Twitch ist eine digitale Plattform für Shared Live Experience; wir sind daher zu 100 % digital. Alle Mitarbeiter und Mitarbeiterinnen besitzen ein Smartphone und ein Notebook. Da die Kollegen und Kolleginnen auf der ganzen Welt verteilt sind, sind Kommunikationswege wie Chime, Slack oder WhatsApp täglicher Bestandteil der Arbeitsroutine.

**Was haben Sie sich für die nächsten Jahre in Sachen Digitalisierung vorgenommen bzw. wo soll Ihre digitale Reise hingehen?**
Ich würde es sehr begrüßen, wenn sich das bargeldlose Bezahlen im Geschäft zukünftig noch weiter durchsetzen würde und flächendeckend verfügbar wäre. Aus meiner Sicht erleichtert dies den Alltag noch einmal mehr – das Smartphone wird zum Allrounder.

**Wie beurteilen Sie die Relevanz der Digitalisierung für Gesellschaft, Wirtschaft und Politik: a) Wie wird Digitalisierung Ihrer Meinung nach in 25 Jahren Gesellschaft, Wirtschaft und Politik prägen? b) Wie stehen Sie persönlich dazu und was wünschen Sie sich dafür?**
Die Digitalisierung gehört für viele Bundesbürger zum Alltag dazu. Digitale Technologien haben einen großen Einfluss auf das tägliche Leben und Verhalten der Menschen. Der Umgang mit den neuen Technologien muss der nächsten Generation

jedoch beigebracht werden und hier gibt es noch Verbesserungsmöglichkeiten im Bildungsbereich sowie auch bei der Akzeptanz vieler Eltern. Die Nutzung des Internets – insbesondere durch die Verwendung des Smartphones – wird eine immer größere Rolle spielen.

In der Arbeitswelt steht Mitarbeitern, über diverse Kanäle, jederzeit eine Vielfalt an Informationen zur Verfügung. Multi-Tasking und die Fähigkeit, sich fokussieren zu können, wird hier immer wichtiger. Die Geschwindigkeit in Unternehmen wird insgesamt zunehmen. Mitarbeiter und Mitarbeiterinnen müssen sich anpassen; agiler und flexibler werden.

Es wird Zeit, dass sich die Politik an die Digitalisierung anpasst. Das Thema *Games* spielt eine zentrale Rolle im Koalitionsvertrag. Außerdem will die Große Koalition das Thema *ESport* „aufwerten" und für einen größeren Bekanntheitsgrad sorgen. Unter anderem soll das wettbewerbsmäßige Computerspielen im Vereins- und Verbandsrecht anerkannt werden. Mittelfristig nimmt sich die künftige Regierung eine „olympische Perspektive" für den ESport vor.

Deutschland kann sich zudem ein Beispiel an Singapur nehmen. Dort gibt es das „Smart Nation"-Programm welches landesweit Breitbandinternet zur Verfügung stellt und staatliche Daten für die Entwicklung von Verkehrs-Apps zur Verfügung stellt. In Zeiten der Digitalisierung benötigen wir ebenfalls eine neue Form von Staat, idealerweise die Verschmelzung von Demokratie und Daten. Der Staat könnte anfangen, die neuen Technologien zu nutzen, zum Beispiel um Online-Wahlen durchzuführen oder Abstimmungen in Echtzeit online zu stellen. So könnten wir auch die Millennials dazu ermutigen, die Zukunft mitzugestalten.

**Sumi Chumpuree-Reyntjes** ist erfahrene Digital-Managerin und kann auf über 13 Jahre Hintergrund im Sales- und Accountmanagement-Bereich zurückblicken. Zuletzt stand sie als Country Sales Lead Germany in Diensten des Audio-Streaming-Anbieters Spotify. Zuvor war Chumpuree-Reyntjes in führenden Ad Sales-Positionen für Unruly und Vibrant Media tätig.

# Digitales Verstehen – Verantwortung übernehmen

Anabel Ternès von Hattburg

**Zusammenfassung**

Heutzutage stehen wir in punkto Digitalisierung vor einer großen Herausforderungen: Wir sollten ihre Potenziale nutzen, um unseren Alltag einfacher und effizienter zu gestalten, aber wir sollten dabei auch immer im Auge behalten, Umwelt und Ressourcen zu schonen und selbst nicht zu Couchpotatoes zu werden, die sich von Maschinen abhängig machen. Dafür bedarf es meiner Ansicht nach einer umfassenden Aufklärungsarbeit, um zunächst einmal ein echtes Verständnis zu schaffen: Angefangen bei der digitalen Kompetenz, die wir als dynamisches wie ganzheitliches System verstehen müssen, über das notwendige Regulativ bis hin zum nachhaltigen Denken. Mit unserer gemeinnützigen Organisation GetYourWings haben wir diesbezüglich große Pläne. Wir wollen ein führender Anbieter werden, wenn es um die Vermittlung nachhaltig verstandener digitaler Kompetenzen geht – vom Grundschul- bis zum Erwachsenenalter. Wir nennen das gesund digital: Digitales Know-how verbunden mit einem starken Ich, einem gesunden Lebensstil und einem verantwortungsvollen Umgang mit der Umwelt.

---

A. Ternès von Hattburg (✉)
GetYourWings gGmbH, Berlin, Deutschland
E-Mail: anabel.ternes@getyourwings.de

© Springer Fachmedien Wiesbaden GmbH, ein Teil von Springer Nature 2020
A. Ternès von Hattburg (Hrsg.), *Digitalisierung als Chancengeber,*
https://doi.org/10.1007/978-3-658-26893-0_18

*Persönliches*

- Aktuell: CEO GetYourWings gGmbH, Managing Director Institut für Nachhaltigkeitsmanagement (IISM), Professur für Kommunikationsmanagement und E-Business
- Nationalität: Rheinländerin mit internationalen Wurzeln
- Familie: verheiratet, ein Kind
- Interessen (neben digitalen Trends): Sport, Singen, Schreiben, Wandern, Reisen, Kochen mit Familie und Freunden, Meditieren, Kunst und Design

*Das Unternehmen*

- GetYourWings GmbH
- Gegründet: Mitte 2016
- 9 feste + 51 Ehrenamtliche + 4 IT, davon 1 SEO, Online Marketing und Kommunikation, 1 Support, 2 Spieleentwickler, mehrere freie Medienpädagogen mit Schwerpunkt Programmieren (Grundlagenprogrammierung, Calliope, Scratch, MakeyMakey, …)

**Was ist Ihr wichtigstes persönliches digitales Tool, das Sie nicht mehr missen möchten?**

Für mich ganz persönlich ist das Smartphone zum Dreh- und Angelpunkt geworden: Es begleitet mich durch den gesamten Tag – von der Organisation des Tagesablaufs und der Termine über die schnelle Recherche bis hin zum Bestellen eines Taxis oder zur Buchung von Reisen. Vor allem aber erlaubt es die komfortable Kommunikation auf den unterschiedlichsten Kanälen. Allein meine umfangreiche Adressdatenbank macht mein Smartphone zum unverzichtbaren und wertvollen Arbeitsinstrument. So habe ich die rund 7000 Kontakte permanent greifbar und kann auf die unterschiedlichsten Entwicklungen per Mail, Whatsapp, SMS und Call direkt reagieren. Kommunikationswege verkürzen sich auf diese Weise drastisch – viele Arbeitsgänge kann ich schnell zwischendurch mobil erledigen. Damit sind wir bei einem weiteren wichtigen Thema: Ich kann meine Zeit sehr viel effizienter ausnutzen, wenn ich beispielsweise im Zug sitze, per Smartphone Mails versende und so dafür sorge, dass sich weniger an Unerledigtem ansammelt.

Ich hab aber auch eine Art Handymanagement, das eine Balance zwischen optimaler Erreichbarkeit und gezieltem Aus- und damit Abschalten gewährleistet. Oft spüre ich schon einen gewissen Zugzwang, meine Mails so oft wie möglich per Smartphone schnell zu checken und zu bearbeiten, um nicht nachher zu viel aufarbeiten zu müssen. Trotzdem finde ich es ausgesprochen wichtig, dass ich über die Technik bestimme: Es gibt also in meinem Leben durchaus handyfreie Zeiten, in denen ich mich auf das Hier und Jetzt konzentriere, in denen ich meditiere, Sport mache, mit Familie und Freunden etwas unternehme. Vor allem beim Essen und bei Gesprächen ist es mir ganz wichtig, nicht noch in das Handy zu schauen. Das, was man als Phubbing bezeichnet, finde ich einfach nur respektlos gegenüber sich und anderen.

**Wie zeigt sich Digitalisierung in Ihrem a) persönlichen und b) beruflichen Alltag?**
Das beginnt schon am Morgen, wenn ich durch mein Smartphone geweckt werde und nach dem Wetterbericht meine Terminübersicht und die ersten Nachrichten checke. Während ich mich für die Aufgaben des Tages vorbereite, verfolge ich die Nachrichten über die Tagesschau-App oder das Internet-Radio. Auf dem Weg zur Arbeit, das ist meistens so gegen 7:30, nutze ich das Smartphone für die ersten Telefonate. Ich plane darüber Termine, buche Flüge und Hotels, rufe ein Taxi, bezahle per App oder speichere Sprachnotizen im Büro. Ich habe Zugriff auf die Kalender meiner Mitarbeiter und meine engsten Mitarbeiter haben Zugriff auf meinen kompletten Kalender.

Einen stationären Vollcomputer habe ich gar nicht mehr. Mein Büro ist mobil – mit meinem kleinen MacBook, meinem Smartphone, Tablet und portablem WLan kann ich von überall aus arbeiten. Meine Dokumente, Kalender und Programme verwalte ich mit Clouds, sodass ich auch alles immer auf dem gleichen neuesten Stand habe. Zu hause habe ich noch eine WLAN-Festplatte, die automatisch, sobald ich nach Hause komme, den neuesten Stand speichert. Dazu habe ich all meine Zugänge gut gesichert, mit wechselnden Passwörtern und bei den wichtigen Dingen mit Zweifach-Authentifizierung.

Auch privat nutze ich das Smartphone sehr stark – und das in den unterschiedlichsten Bereichen: Kleidung und Taschen, für die ich mich interessiere, recherchiere ich meist erst online, kaufe sie dann auch oft online, Blumen und kleine Aufmerksamkeiten für meine Mutter bestelle auch oft online via Smartphone. Bei Lebensmitteln genieße ich es, im Geschäft oder auf dem Markt genau das auszuwählen, was ich haben möchte. Ich mag auch die kleinen Gespräche am Tresen, an der Kasse und vor den Verkaufsbuden. Das ist für mich Lebensqualität. Die Bequemlichkeit ist mir dabei weit weniger wichtig als unsere Infrastruktur zu stärken und alle Wege, wenn es geht, zu Fuß oder mit dem Fahrrad zu machen. Die frische Luft und die Bewegung tun mir gut.

Die Digitalisierung sollten wir nutzen, um unseren Alltag einfacher und effizienter zu gestalten, aber wir sollten dabei meine ich auch immer im Auge behalten, dass Umwelt und Ressourcen schonen und selbst nicht zu Couchpotatoes werden, die sich von Maschinen abhängig machen.

**Was war Ihr wichtigstes persönliches oder berufliches Erlebnis zum Thema Digitalisierung?**
An einem Morgen war ich im Headquarter meines damaligen Unternehmens. Alles schien seinen normalen Gang zu gehen – plötzlich fiel das Internet aus. Schnell war ein Meeting zusammengerufen, wo wir berieten, wie wir jetzt verfahren – alle Mitarbeiter nach Hause schicken? Offline weiterarbeiten, würde das produktiv werden? Wir entschieden uns dafür, die Ausnahmesituation als Chance zu begreifen. Während an der Wiederherstellung der Verbindung gearbeitet wurde – den ganzen Tag – stellten wir Gruppen zusammen, in denen die Optimierung der internen Kommunikation besprochen wurde. Das, was als Experiment anmutete, wurde unversehens produktiv. Die Mitarbeiter machten engagiert mit, brachten Ideen ein. Wir organisierten ein Catering für alle. Und der Tag wurde so als Chance genutzt, das Unternehmen intern noch stärker zu machen.

Eine andere Situation ist mir auch noch sehr in Erinnerung geblieben – mein erstes Bewerbungsgespräch via Skype-Video-Call mit meiner damals zukünftigen Chefin in den Staaten. Erst war die Distanz da von Technik und Übertragungsqualität, aber auch von der tatsächlichen Entfernung. Aber schnell war es wie in einem Face-to-Face-Interview und ich wusste damals ziemlich schnell, dass die Zusammenarbeit mit ihr harmonieren würde.

**Wie würden Sie Ihren persönlichen Start in die Welt der Digitalisierung beschreiben?**
Schon als Kind war ich fasziniert von Laptops, die ich cooler fand als stationäre Computer. Dabei war mein erstes Gerät von Peacock doch noch recht klobig, hatte aber als Logo diese typische bunte Straußlogo und das weiße Gehäuse stach aus dem Hellgrau und Dunkelgrau der üblichen Computer hervor. Mein erster Apple Computer hatte ein transparentes lila Gehäuse, das wirkte nicht so kühl wie die Computer vieler anderer Marken. Dazu die bildlichen Symbole auf dem Desktop, z. B. für die Suche – die hieß Sherlock und zeigte einen Sherlock Holmes mit kariertem Umhang, der typischen Mütze und einem Vergrößerungsglas – oder für Papierkorb – der war bei mir ein grünes Krokodil – mir gefiel das Spielerische.

Ich weiß noch, dass mein Vater zunächst gegen die Anschaffung eines Laptops war. Allerdings habe ich mich durchgesetzt: Ich bin zur Cebit gefahren und habe ein Vorführgerät erstanden.

Mein erstes Handy war von Bosch. Ich bekam es von meinem damaligen Freund zu Ostern geschenkt – bei der Suche nach Ostergeschenken klingelte es plötzlich aus dem Regal und da war es: ein dunkelgraues Handy mit kleinem Bildschirm mit Antenne.

Schon damals war mir klar, dass diese Technologien für mich wichtig sind. Sie brachten mir Unabhängigkeit und Flexibilität, sparten mir Zeit und boten Platz für viele kreative Ideen, die ich umsetzen wollte. Schon während meines Studiums habe ich programmiert und entwickelte erste E-Commerce-Seiten mit Data-Management-Systemen. Seither bestimmt die Welt der Digitalisierung meinen beruflichen Alltag. Meine bisherigen Start-ups sind bzw. waren Tech-Firmen und würden ohne das Internet nicht existieren. Und auch meine gemeinnützige Organisation GetYourWings gäbe es so ohne das Internet nicht.

**Was haben Sie selbst in Ihrem Unternehmen an Digitalisierung erreicht?**
GetYourWings ist eine gemeinnützige Organisation und zugleich Tech-Firma, nutzt das digitale Potenzial effektiv und wird ständig optimiert entsprechend der technischen Weiterentwicklungen. Wir bleiben hier immer in Bewegung, entwickeln eigene Produkte, v. a. Computerspiele. Unsere Produkte sind zu einem großen Anteil digital und auch das operative Geschäft wird zu einem hohen Anteil von Digitalem bestimmt.

Dabei folgen wir dem Ansatz des Lean Start-ups und sind eine agile Organisation. So können wir schnell auf Änderungen reagieren und unsere Tätigkeitsbereiche gut optimieren. Wir untersuchen den Markt permanent, schauen nach spannenden Kooperationspartnern, halten nach neuen Entwicklungen Ausschau, auch in anderen Märkten, wo sich Ideen übertragen lassen. Wir sind v. a. digital auch ständig in Kontakt mit Partnern und nehmen Anregungen für Weiterentwicklungen von der Basis sehr ernst.

Angefangen von der Buchhaltung bis zur Verwaltung von Dokumenten sind die administrativen Prozesse soweit wie möglich automatisiert und digitalisiert. Die Ressourcen, die wir haben, gehen in kreative und soziale Bereiche. So werden Workshops und Vorträge live und vor Ort gegeben, enthalten aber immer signifikante digitale Elemente, sodass Digitales und Analoges harmonisch zusammenwirkt.

**Was haben Sie sich für die nächsten Jahre in Sachen Digitalisierung vorgenommen bzw. wo soll Ihre digitale Reise hingehen?**
Mit GetYourWings haben wir große Pläne. Wir wollen ein führender Anbieter werden, wenn es um die Vermittlung nachhaltig verstandener digitaler

**Abb. 1** Kinder lernen, was es bedeutet, „gesund digital" zu leben. (Quelle: GetYourWings)

Kompetenzen geht. Wir nennen das gesund digital: Digitales Know-how verbunden mit einem starken Ich, einem gesunden Lebensstil und einem verantwortungsvollen Umgang mit der Umwelt (Abb. 1).

Unsere Kernzielgruppe ist junge Menschen ab der Grundschule bis in die erste Berufstätigkeit. Darüber hinaus richten wir unsere Angebote auch an jeden Erwachsenen, von Eltern über Lehrer bis hin zu jedem Arbeitnehmer und Arbeitgeber. Für beide Zielgruppen wollen wir die Angebote so optimieren, dass sie niederschwellig von einer breiten Masse in Anspruch genommen werden können. Dazu soll unser Online-Lernbereich zu einer spannenden ELearning-Plattform ausgebaut werden.

Wir bringen Programmieren bei, aber ebenso den verantwortungsvollen Umgang mit dem Internet, mit Online-Spielen, Social Media und mit der Digitalisierung im Ganzen. V. a. unseren Bereich Computerspiele und die jeweils passenden Zusatzmaterialien wollen wir stark ausbauen. Zusammen mit Partnern wollen wir es jeder Schule ermöglichen, unsere Computerspiele in der Schule zu spielen und zu besprechen. Denn diese bringen Programmierkenntnisse bei, fördern Team Play, strategisches Denken und verantwortungsvolles Handeln und das wollen wir möglichst vielen jungen Menschen ermöglichen (Abb. 2).

**Abb. 2** Kinder probieren das GetYourWings-Computerspiel „Code & Safe the Planet" aus. (Quelle: GetYourWings)

Unsere On- und Offline-Tools überzeugen mit einem hohen Erlebnisfaktor und einem differenzierten Lernen, das jeden Teilnehmer dort abholt, wo er gerade steht, individuell und integrativ fordert und fördert (Abb. 3 und 4).

**Wie beurteilen Sie die Relevanz der Digitalisierung für Gesellschaft, Wirtschaft und Politik: a) Wie wird Digitalisierung Ihrer Meinung nach in 25 Jahren Gesellschaft, Wirtschaft und Politik prägen? b) Wie stehen Sie persönlich dazu und was wünschen Sie sich dafür?**

a) Die Relevanz der Digitalisierung ist nicht zu unterschätzen – und zwar für alle Bereiche unserer Gesellschaft. Deswegen ziehe ich den Begriff Disruption vor, denn wir haben es weder mit einer Transformation noch mit einer alltäglichen Weiterentwicklung der Technik zu tun: Wir stehen vor der vierten industriellen Revolution und können das Ausmaß der Veränderung noch gar nicht absehen. Fatal ist, dass viele Beteiligte die Situation verdrängen und damit unterschätzen, dabei ist es entscheidend, in einer solchen Phase Gestalter zu sein und nicht Getriebener. Hier hilft weder Aussitzen noch Abwarten, ob der Kelch vielleicht an uns vorübergeht. Die Digitalisierung lässt sich als

**Abb. 3** Programmieren kinderleicht in der Robo Wunderkind-AG. (Quelle: GetYour-Wings)

Megatrend dieser Zeit ganz einfach nicht aufhalten. Er wird unser aller Leben nachhaltig verändern, und hat es schon in den letzten Jahren. Dafür sollten wir Visionen entwickeln und darauf sollten wir uns vorbereiten.

Stellen wir uns einfach vor: In 25 Jahren sehen unsere Innenstädte vollkommen anders aus, da ausschließlich selbstfahrende Fahrzeuge mit einem umweltschonenden Antrieb unterwegs sein werden. Die vielen Parkplätze fallen also ebenso weg wie die Privatfahrzeuge, die als unwirtschaftlich erkannt und abgeschafft wurden. Die Arbeitswelt hat sich drastisch verändert: Ein bedingungsloses Grundeinkommen sichert das existenziell Notwendige. Dabei klafft ein großer Spalt zwischen den Berufsbildern, die Kreativität, spezielles Know-how und rein menschliche Fähigkeiten erfordern und denen, die unter dem Strich auch Maschinen erledigen könnten. Letztere werden nämlich immer knapper, was Umschulungen und Weiterbildungen umso wichtiger macht. Menschen, die das nicht mitmachen wollen oder können, drohen dann aus dem Arbeitssystem zu fallen. Auf der anderen Seite müssen Unternehmen um diejenigen Arbeitskräfte werben, deren Fähigkeiten sich eben nicht automatisieren lassen. Ohnehin hat in puncto Wachstum ein Umdenken eingesetzt: Der Schutz

Digitales Verstehen – Verantwortung übernehmen 175

**Abb. 4** Online- und Offline-Lernen verbinden und eigene Talente entdecken beim Erstellen von Lernvideos. (Quelle: GetYourWings)

der Natur hat oberste Priorität für die menschliche Gesellschaft, wir akzeptieren nun den Zugewinn an frei verfügbarer Zeit als Mehrwert. Wir sind also nicht mehr permanent auf der Jagd, um schneller, höher und weiter als der Wettbewerb zu agieren, sondern um entsprechend unserer ganz individuellen Ansprüche an Lebensqualität zu gewinnen. Politik ist mittlerweile eine ganz transparente Angelegenheit, zumal sie sich mithilfe digitaler Instrumente dezentral und damit demokratisch organisieren lässt. Die Menschen beteiligen sich am politischen Gestaltungsprozess, Parteien spielen deswegen nur noch eine untergeordnete Rolle. Die Regierung wird direkt gewählt, erhält ihre Aufgaben von der Bevölkerung und muss für die Ergebnisse auch Rechenschaft ablegen.

Das ist eine Vision, die durchaus realistisch ist – schaffen wir dafür die notwendigen Voraussetzungen. Und da hinkt Deutschland bislang hinterher. Bleibt dies so, wird sich das negativ auf die gesamte Gesellschaft auswirken: Fachkräfte werden zunehmend in fortschrittlichere Länder abwandern, Schulen werden noch schlechter gute und zeitgemäße Bildung und Ausbildung garantieren können, Hochschulen werden weiter an Studentenzahlen, Relevanz und Renommee verlieren.

Ich hoffe jedoch, dass wir den Richtungswechsel schaffen, denn Deutschland könnte noch immer in puncto verantwortungsvollem Umgang mit der Digitalisierung Vorreiter werden – und das gleich in mehrfacher Hinsicht: Da wäre einerseits über die künftige Gesellschaft nachzudenken, ohne sich vom heutigen Tellerrand aufhalten zu lassen. Wie positionieren wir uns zu vollkommen neuen Formen des Einkommens wie dem bedingungslosen Grundeinkommen? Kommen wir überhaupt um eine solche Regelung herum? Was stellen wir mit den frei werdenden zeitlichen Ressourcen an? Es bedarf also neuer Ansätze zur Sinnstiftung und damit einer neuen Wertedefinition. Wir müssen uns damit befassen, wie wir unsere Umwelt nachhaltig schützen und trotzdem den technologischen Fortschritt vorantreiben können, wie wir die wertvollen und endlich vorhandenen Ressourcen wirtschaftlich einsetzen, aber auch: Wie wir die drohende Zweiklassengesellschaft in puncto Digitalisierung vermeiden. Sonst laufen wir Gefahr, dass eine Klasse die Digitalisierung dominiert, die andere sich faktisch wie Influencer mit allem, was Privatsphäre heißt, verkaufen muss, um überhaupt überleben zu können.

b) Ich wünsche mir, dass die Politik es schafft, Zukunftsvisionen zu entwickeln und einen Rahmen zu schaffen, der Sicherheit, aber auch den Gründern und Unternehmen die für Innovationen notwendige Bewegungsfreiheit und Unterstützung gewährleistet. Hier sollte sich die Gesellschaft ebenso wie die Wirtschaft gestalterisch einbringen, um die wichtigen Eckpunkte zu definieren, die uns eine nachhaltige und verantwortungsvolle Digitalisierung ermöglichen und stärken lassen. Dabei sollten die technologischen Entwicklungen nicht glorifiziert, sondern gezielt gesteuert werden: Wir benötigen Regularien, die die Demokratie nicht gefährden, aber Sicherheit bieten – beispielsweise gegen Hatings, Trolling, Bots oder Hacker. Gleichzeitig bedarf es aber auch einer umfassenden Aufklärungsarbeit, um zunächst einmal ein echtes Verständnis zu schaffen: Angefangen bei der digitalen Kompetenz, die wir als dynamisches wie ganzheitliches System verstehen müssen, über das notwendige Regulativ bis hin zum nachhaltigen Denken. Die Ziele von Wirtschaft und einzelnem Individuum sind in Einklang zu bringen, indem beispielsweise Bilanzen nicht mehr an erster Stelle stehen, sondern langfristige Lebensqualität, auch für spätere Generationen und Visionen. Es gibt also noch viel zu tun – und das sehr dringend.

**Prof. Dr. Anabel Ternès von Hattburg** ist Gründerin und Geschäftsführerin mehrerer Tech-Unternehmen, u. a. der GetYourWings gGmbH für die Vermittlung digitaler Kompetenzen durch Workshops, eigene Computerspiele und eLearning. Sie setzt sich für gesunde und nachhaltige Digitalisierung in Wirtschaft und Gesellschaft ein und engagiert sich als Vorstandsmitglied des Network for Teaching Entrepreneurship Deutschland (NFTE) sowie als Mentorin von StartupTEENS. Anabel Ternès leitet das Institut für Nachhaltigkeitsmanagement (IISM) und hält eine Professur für E-Business und Communication Management.

# Über Digitale Darwinisten und Digitale Minimalisten

## Nancy Nemes

**Zusammenfassung**

Nancy Nemes, Gründerin von Ms. AI, beschreibt sich selbst als digitale Darwinistin. In diesem Beitrag erzählt sie, wie ihre ersten Berührungspunkte mit der Digitalisierung aussahen und erläutert warum nur Individuen und Organisationen erfolgreich bleiben, die sich auf Veränderungen einlassen. Außerdem stellt sie dar, wie sie mit ihrem Unternehmen die Auseinandersetzung mit KI gestalten und dabei vor allem Frauen fördern möchte.

*Persönliches*

- Nationalität Deutsch, geboren in Rumänien
- 2 Hunde im Alter von 18 und 10 Jahren

*Das Unternehmen*

- Ms. AI @ Nemes Ventures
- Gegründet: Juni 2018
- 3 Mitarbeiter, 1 CTO, 4 Beiratsmitglieder, 17 Botschafter, 50 KI Experten

---

N. Nemes (✉)
Berlin, Deutschland
E-Mail: nancylnemes@hotmail.com

© Springer Fachmedien Wiesbaden GmbH, ein Teil von Springer Nature 2020
A. Ternès von Hattburg (Hrsg.), *Digitalisierung als Chancengeber*,
https://doi.org/10.1007/978-3-658-26893-0_19

**Was ist Ihr wichtigstes persönliches digitales Tool, das Sie nicht mehr missen möchten?**
Online-Produktivitätstools wie wix.com, swish, surveymonkey und eventbrite sind allesamt wichtig und werden täglich in unserem Business genutzt. Für mich persönlich ist LinkedIn ein sehr effektives Kommunikationstool um die richtige Zielgruppe mit dem richtigen Inhalt zu erreichen, sich selbst zu informieren und sich global und interdisziplinär zu vernetzten.

**Wie zeigt sich Digitalisierung in Ihrem a) persönlichen und b) beruflichen Alltag?**
Digitalisierung hat mich gewählt ... und nicht umgekehrt. Ich und viele Menschen in meinem Leben sind echte digitale Darwinisten. Und ich bin auch eine digitale Minimalistin.

Genauso wie im echten Leben, so gibt es auch im digitalen Leben einen Prozess des universellen Darwinismus. Ich bin ein absoluter Early Adopter. Mich begeistern alle neuen Technologien, je früher, desto besser. Ich habe früh(zeitig) beobachtet, dass in der Digitalisierungsära nur diejenigen Menschen und Organisationen überleben, die am besten auf Veränderungen reagieren. In meinen über 20 Jahren Berufserfahrung bei Microsoft und Google habe ich oft miterlebt, wie Evolution nur stattfinden kann, wenn genug Variabilität und ein gewisser Selektionsdruck entstehen. Pioniere der frühen Internetjahre, wie AOL, Yahoo, Lycos u. v. a. haben nicht schnell genug auf die Veränderung reagiert, und haben somit den Anschluss verloren.

Mein digitales Leben ist genauso real und wichtig wie mein physikalisches Leben. Ich verbringe mehr als sechs Stunden am Tag mit meinen digitalen Arbeitsmitteln – Laptop und Smartphone. Meine Geräte sind sehr organisiert und frei von Krempel. Nur die wichtigsten Apps und Dokumente befinden sich auf den Homescreens und in den Onlineordnern. Keine Fotos, die ich nicht anschaue, keine Nachrichten, die mir egal sind, und keine Apps, die ich nicht wirklich brauche oder benutze. Ich teste alles, entscheide sehr schnell, was ich brauche und mag und was nicht, und dann entledige ich mich der unbrauchbaren Tools. Ich habe einfach Spaß an freien, recht asketischen Bildschirmen. Einmal im Jahr ist Frühjahrsputz angesagt – die wichtigste Frage ist dann: Brauche ich diese App, dieses Tool, diese Subscription wirklich? Wie oft habe ich die in den letzten sechs Monaten gebraucht? Genauso wie im Kleiderschrank wird dann alles was ungebraucht blieb, weggeworfen. Oder verschenkt. Manchmal sogar verkauft, zum Beispiel alte iPads oder iPhones. Sollte ein Tool oder eine App einen bestimmten emotionalen Wert haben, so lasse ich das noch eine Weile liegen. Das macht mich produktiver und fokussierter. Das nenne ich „DigiZen" – das gewisse

Zen in meinem digitalen Leben. Dann macht es auch Spaß, Teil der Generation C (Connected) zu sein.

**Was war Ihr wichtigstes persönliches oder berufliches Erlebnis zum Thema Digitalisierung?**
*Von den frühen Schritten der Digitalisierung...* Ein ganz lehrreiches Erlebnis hatte ich im Jahr 2007, als ich bei Microsoft USA die Markteinführung von Windows, Office und Exchange leitete. Mit einem riesigen virtuellen Team von 900 Mitarbeitern haben wir verschiedene Aktivitäten in 15 Großstädten der USA durchgeführt. Von Seattle bis New York und von Dallas bis Chicago haben wir alles abgeklopft. Meine Aufgabe war es auch, für das Management die Keynote-Inhalte für die Einführungskonferenzen zu schreiben. Es war ein unglaubliches Erlebnis, direkt für und mit Bill Gates zu arbeiten, genauso wie mit Steve Ballmer, Kevin Turner, Bill Veghte und weiteren Toplevel-Führungskräften. Dadurch, dass wir drei verschiedene Produkte gleichzeitig auf den Markt bringen wollten, war es ganz wichtig, die Online-Aktivitäten genau zu definieren, Silodenken abzubauen und Wissensaustausch zu fördern. Digitalisierung hieß u. a., die Konferenzinhalte virtuell, d. h. online, an den Kunden zu bringen. Es war ein riesen Projekt und am Ende hatten wir insgesamt mehr als fünf Millionen Geschäftskunden online erreicht. Wie misst man dann den Marketing-ROI? Wie trägt eine bestimmte Aktivität dazu bei, Interessenten in Kunden zu verwandeln (Stichwort Online-Konversion)? Und was ist die qualifizierte Reichweite? Es waren wunderbare Lehrjahre, in denen wir maßgeblich den Übergang zur Digitalisierung mitgestaltet haben.

Eine weitere prägende Zeit waren die Jahre von 2010 bis 2013, in denen ich CMO für Konsumentenmarketing bei Microsoft war. Zusammen mit meinem Team leiteten wir alle Consumer Marketing-Aktivitäten für 31 Länder in Zentral- und Osteuropa. Sehr schnell haben wir begriffen, dass wir die Consumer Journey in jedem Land ganz genau verstehen müssen, um relevante Kundendialoge zu erstellen. Microsoft wollte damals die Qualität aller Kundenbegegnungen mit dessen Produkten verbessern, um die Begeisterung der Kunden zu wecken. Wir wollten zunächst die „Reise des Kunden" verstehen, vom ersten Kontakt mit den Produkten, sowohl online als auch offline, bis hin zu einer definierten Aktion, beispielsweise Kauf, Engagement oder Kundenbindung. Wir haben als regionales Headquarter von München aus ein pan-europäisches Projekt gestartet. Allein die Präferenzen und das Verhalten der Kunden einer solch diversen Region richtig zu verstehen, war eine gewaltige Aufgabe. Wir haben versucht, alle Touchpoints sichtbar zu machen und verschiedene Verhaltensmuster von Russland bis Griechenland und von Slowenien bis Zypern zu beleuchten, um dann letztendlich eine Optimierung der Kampagnen auf Kundeninteressen zu erzielen. Es war auch das erste Mal in den Ländern dieser Region, dass Microsoft seine eigene Präsenz in den lokalen Sozialen Medien etablieren wollte. Und ganz schnell hatten wir Millionen von Nutzern auf Facebook, Yandex oder Twitter. Es galt nun, diese Interessenten mit relevanten Inhalten zu versorgen, und zu einem Dialog zu bewegen. Ganz besonders haben wir uns gefreut, als unsere lokalen Teams und deren Leader mit dem neuen Digitalisierungskonzept zufrieden waren und die Verkaufszahlen deutlich nach oben zeigten. Das war, wie oben erwähnt, bereits im Jahr 2010. Aus heutiger Sicht mag das „normal" erscheinen, aber damals hatte Facebook nur 700 Mio. User, heute sind es 2.3 Mrd. Schnelligkeit und eine „can-do"-Attitüde waren unerlässlich.

*… bis zur heutigen Künstlichen Intelligenz.* Heute beginnen unsere Maschinen und Geräte uns wirklich zu verstehen, und zwar auf viel tieferen Ebenen als je zuvor. Das letzte Projekt, das ich bei Google bis 2018 geleitet habe, war die Markteinführung der Produkte Google Pixel Phone und Google Home. Diese, auf Maschinellem Lernen und Künstlicher Intelligenz basierenden Produkte, werden verwendet um die Benutzererfahrung zu verbessern, komplexe Prozesse zu vereinfachen und die Art und Weise, wie wir mit Technologie interagieren, zu erweitern. Mit Spracherkennung generieren wir neue Ansätze, wie wir leben, arbeiten, oder auch spielen, und bringen dadurch einen Mehrwert in unser Leben. Ich kann beispielsweise einfach per Sprachbefehl das Licht ein- und ausschalten oder meine Lieblingsmusik starten – ganz schnell, einfach, und bequem. Es hat allerdings Jahrzehnte der Forschung und Infrastrukturbildung gebraucht, bis wir dies erreichen konnten.

Für mich ist nun die Kreuzung zwischen KI und anderen Disziplinen faszinierend. Wir reden seit vielen Jahren darüber, dass wir Smart Homes haben werden. Manches ist heute schon möglich, aber das Internet der Dinge wird noch viel mehr Fortschritte bringen. KI wird unsere Wünsche und unser Verhalten antizipieren können, und damit eine Verbindung zwischen Zuhause, Arbeit und Alltag schaffen. Augmented und Extended Reality werden darüber hinaus viele ungeahnte Anwendungsmöglichkeiten schaffen. Spracherkennung wird Konversationsschnittstellen (Conversational Interfaces) ermöglichen, was den Umgang mit Emotionen, Persönlichkeit, Sprache und Ton verbessern wird. So wird es zum Beispiel möglich, einen Chatbot einzusetzen, der ein beruhigendes Gespräch mit den Menschen führen kann. Dies wird wiederum mehr Markenaffinität schaffen. Technologien werden eingesetzt um ein sinnvolles menschliches Engagement zu erzeugen. Aber auch zu viel Technologie in unserem Leben kann uns überfordern und verfremden. Also was tun?

*Human-to-Human Methoden werden die Zukunft prägen* Um mehr Möglichkeiten in Deutschland und Europa zu schaffen und Künstliche Intelligenz zu entzaubern habe ich im Jahr 2018 Ms. AI gegründet – eine in Europa einmalige Initiative, die (nicht nur, aber vor allem) Frauen mit Künstlicher Intelligenz vertraut macht, und zwar weit über die technischen Aspekte hinaus (Abb. 1). In der rapiden digitalen Transformation ist es wichtiger denn je, dass wir nicht vergessen, wer wir sind. Wollen unsere Kunden wirklich die Produkte und Technologien, die wir anbieten? Oder sind das nur verrückte Ideen? Wie können wir mit einer Human-to-Human Methode viel relevantere, menschliche Lösungen auf dem Markt bringen? Wie können wir Bedenken und Ängste in Bezug auf KI glaubwürdig und nachhaltig beseitigen?

Die Welt der Zukunft ist eng vernetzt. Daher wird das wichtigste Erlebnis in der Digitalisierung der zwischenmenschliche Kontakt sein. Die Diversität der Ideen, Ansichten, Kulturen, Traditionen, das ist es was die Digitalisierung erfolgreich machen wird. Ohne einen „Zugang für alle" wird die Digitalisierung die Welt nicht schöner, sondern unsicherer machen. Deswegen bedarf es der Power und Zusammenarbeit verschiedenster Disziplinen um einen fundamentalen Richtungswechsel zu ermöglichen.

**Wie würden Sie Ihren persönlichen Start in die Welt der Digitalisierung beschreiben?**
Meine erste Begegnung mit dem Internet war im Jahr 1996, als ich meine Diplomarbeit geschrieben habe. Ich hatte gerade ein sechsmonatiges Praktikum im Hauptquartier von Escada in Paris absolviert. Daraufhin beauftragte mich die deutsche Niederlassung, ihre erste Homepage zu gestalten. Der Titel meiner Diplomarbeit war „Möglichkeiten und Probleme der Gestaltung einer Homepage im Internet, dargestellt am Beispiel der Firma Escada AG". Ich hatte keinen eigenen Computer, also benutzte ich den Computer der Hochschule – ein langsames Modell mit Windows für Workgroups 3.11.

Es gab nur ganz wenige Inhalte im Internet des Jahres 1996. Google existierte noch nicht. Ich hatte keine Ahnung, was HTML war. Und so war dies ein ganz besonderes Abenteuer: Wie sollte ich in einem so neuen Medium an Informationen gelangen? Wer hatte bereits eine Internet-Präsenz nach neuestem Standard? Schnell war klar – Chanel, LVMH, Donna Karan und auch Ferrari hatten bereits Homepages. Diese frühe Präsenz verschafft ihnen bis heute Wettbewerbsvorteile.

In der Einleitung zu meiner Diplomarbeit steht dieser Satz: „Da die Digitalisierung in Wirtschaft und Gesellschaft nicht aufzuhalten sein wird, kann es heute nur darum gehen, die Potenziale der Informationsgesellschaft zu nutzen und die Risiken neuer Technologien möglichst gering zu halten". Weiterhin steht in der

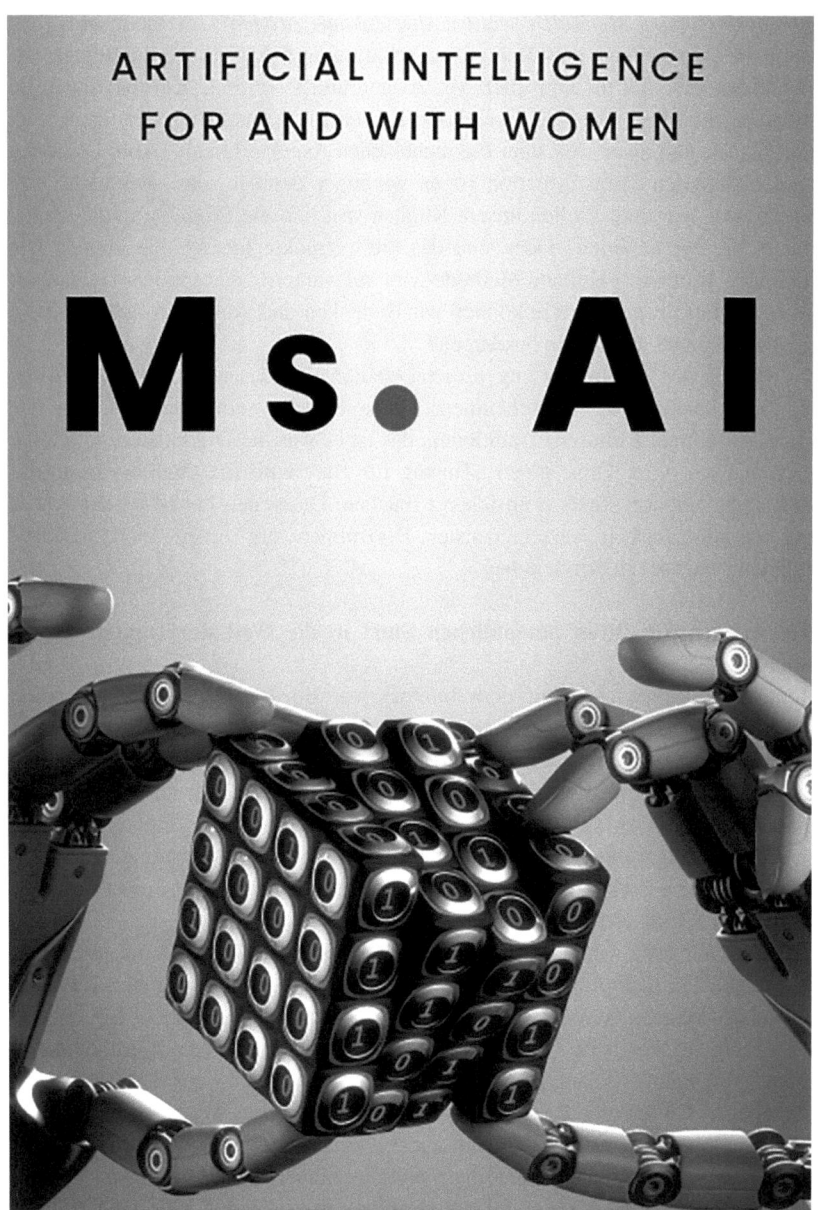

**Abb. 1** Ms. AI – Artificial Intelligence for and with women

Zusammenfassung auf Seite 58: „Das Internet garantiert nicht automatisch einen Erfolg, nur weil die Kommunikationsmöglichkeit global wahrgenommen werden kann. Die Potenz liegt in originellen Produkten, Leistungen und lokaler Kompetenz... Die gesellschaftliche Diskussion im Internet muss [sic!] werteorientiert sein und ethische Aspekte miteinbeziehen. Dabei soll die Unternehmensphilosophie der Ausgangspunkt aller Aktivitäten und Botschaften sein".

Damals wie heute gilt es in der Digitalisierung schnell zu reagieren, kreativ und originell zu sein, moralische und ethische Werte zu haben. Anders gesagt, um digital zu sein, muss man vor allem Mensch sein.

**Was haben Sie selbst in Ihrem Unternehmen an Digitalisierung erreicht?**
Erstens, in Bezug auf die Infrastruktur, arbeiten wir heute mit unglaublicher Prozessor-Power, super schneller VDSL-Verbindung und vernetzten Geräten. In Bezug auf Wissen haben wir heute Zugang zu unendlich viel Material, um alles Digitale erlernen zu können. Mit Ms. AI haben wir nun ein virtuelles Team von 75 Menschen, die höchst qualifiziert und mit KI vertraut sind. In Bezug auf unsere Partner haben wir ein Netzwerk aus Partnern, die nicht nur technische Aspekte, sondern auch Fragen von Leadership, HR, EI/EQ, Philosophie, Anthropologie und vielem mehr untersuchen, sodass wir die Wirkung von KI in allen Bereichen verstehen und mitgestalten können. Indem wir all diese Aspekte vernetzten, leisten wir Pionierarbeit im KI-Bereich. Wir sind froh und ein bisschen stolz, dass wir unseren Kunden und Partnern, die sich mit Digitalisierungs- und KI-Fragen beschäftigen, unser gebündeltes globales Wissen und unsere Erfahrung anbieten können.

**Was haben Sie sich für die nächsten Jahre in Sachen Digitalisierung vorgenommen bzw. wo soll Ihre digitale Reise hingehen?**
Bis 2023 werden wir mit Ms. AI 10 Millionen Frauen in Europa mit KI vertraut machen. Dies werden wir durch Sensibilisierung für die Thematik, Bildung, KI-Netzwerke, Role Models und Talentförderung erreichen. Dazu brauchen wir breite und seriöse (!) Unterstützung von Politik, Medien, Unternehmen, Investoren und Influencern.

**Wie beurteilen Sie die Relevanz der Digitalisierung für Gesellschaft, Wirtschaft und Politik: a) Wie wird Digitalisierung Ihrer Meinung nach in 25 Jahren Gesellschaft, Wirtschaft und Politik prägen? b) Wie stehen Sie persönlich dazu und was wünschen Sie sich dafür?**
Die Digitalisierung wird Produktivität, Effizienz und Flexibilität steigern. Meiner Ansicht nach wird sich das Leben aller Menschen deutlich verbessern. Deutschland,

wie auch ganz Europa, müssen ganz schnell die Stellung des Gewinners einnehmen. Wir wissen, wo wir Fortschritte gemacht haben, was verbessert werden muss und wie. Wir haben exzellente Forschungs- und Lehreinrichtungen. Nun ist es höchste Zeit, zu agieren. Wir müssen aufhören zu jammern und Angst zu haben, dass wir zwischen den USA und China unsere Bedeutung verlieren. Wir müssen wie Gewinner auftreten, und nicht wie Verlierer. Und um dies zu erreichen, benötigen wir einen Wandel in unserer Denkweise. Ich wünsche mir daher Politiker und Unternehmer, die digitale Pioniere sind, flexiblere Regeln in der Gesetzgebung, mehr unternehmerischen Geist und Risikobereitschaft, stärkere Fehlertoleranz, mehr Agilität und Resilienz, mehr Autonomie und Flexibilität in Bildung, Familienplanung und Ruhestandsregelungen.

Wir brauchen viel mehr digitale Darwinisten, denn jeder Mensch kann und sollte sich schnell verändern, um sein eigenes Leben noch sinnvoller zu gestalten. Und dann sollte jeder digitale Darwinist anderen Menschen helfen, teilzuhaben. Denn Erfolg hat drei Buchstaben: TUN!

**Nancy Nemes** ist eine technische Trendsetterin, eine globale Netzwerkerin und eine Managerin mit 20 Jahren globaler Erfahrung im Hightech-Bereich in Europa, den USA, Kanada und Südamerika. Ihre Leidenschaft liegt in der Pionierarbeit und in der Implementierung und Optimierung von mobiler, digitaler und sozialer Hightech-Technologie, die darauf abzielt, das Leben der Menschen durch digitale Lösungen zu bereichern.

Nancy ist die Gründerin von **Ms. AI**, einer europäischen Plattform, die Frauen dabei unterstützt, im Bereich der Künstlichen Intelligenz mitzuwirken. 600 Mio. junge Mädchen werden in den nächsten zehn Jahren in die globalen Arbeitsmärkte eintreten. Nancy fühlt sich der Berufung verpflichtet, Mädchen und Frauen dabei zu unterstützen, Verständnis, relevante Fähigkeiten und Begeisterung für KI zu entwickeln, damit sie für sich und ihre Mitmenschen eine großartige Zukunft in der Roboter-Ära gestalten können. In dieser Initiative arbeitet Nancy mit einem renommierten, internationalen Team aus Führungskräften und Vordenkern aus Wissenschaft, Industrie, Medien, Kunst, dem öffentlichen Sektor und Think Tanks zusammen. Ihr gemeinsames Ziel ist es, Frauen zu ermöglichen, Gewinner der digitalen Ära zu werden.

If you have any concerns about our products,
you can contact us on
**ProductSafety@springernature.com**

In case Publisher is established outside the EU,
the EU authorized representative is:
**Springer Nature Customer Service Center GmbH
Europaplatz 3, 69115 Heidelberg, Germany**

Printed by Libri Plureos GmbH
in Hamburg, Germany